J'irai chercher Kafka

De la même autrice

Isaac, Grasset, 2019
Les philosophes lisent Kafka, Éditions de la Maison des sciences de l'homme, 2019

Léa Veinstein

J'irai chercher Kafka

Une enquête littéraire

Flammarion

ISBN : 978-2-0802-3488-9
© Éditions Flammarion, Paris, 2024

L'héritage Kafka dans le pipi de chat

La justice israélienne vient d'exiger que les manuscrits inédits de l'écrivain pragois soient remis à la Bibliothèque nationale de Jérusalem. Pour le moment, ils se trouvent chez une vieille dame qui héberge une quarantaine de félins dans un petit appartement de Tel-Aviv.

Le Nouvel Observateur, 15 octobre 2012

Prologue

L'homme en noir et blanc

Je suis une fin, ou un commencement [1].

À neuf ans, pendant les vacances d'été, j'ai eu plusieurs épisodes de somnambulisme. J'avais depuis petite un sommeil qu'on disait « agité » : je bougeais, je parlais ; quand une copine de l'école dormait à la maison elle me le racontait le matin au petit-déjeuner, avec des yeux interrogatifs. Ma mère m'avait dit : ce n'est rien, moi aussi je parle la nuit.
Je ne m'inquiétais pas.
Mais cet été-là, c'est allé plus loin : je me suis levée à plusieurs reprises sans être consciente d'aucun de mes gestes. Un soir, au mois de juillet, j'ai escaladé la fenêtre, ouvert les volets de bois bleus. J'ai commencé à me pencher. Le grincement du bois a réveillé ma sœur, puis mon père, « mais que fais-tu enfin ». Je lui ai répondu, paraît-il, que je voulais voir le feu d'artifice.
Je faisais le même cauchemar, de façon récurrente. Un homme en noir et blanc me souriait et

se mettait à rire de façon incontrôlée. Je comprenais son rire comme de la moquerie dirigée contre moi, je m'effondrais, noyée de chagrin – je me souviens encore de l'immense tristesse liée à ce rêve, de la sensation qu'elle me laissait au réveil.

Dans cette maison où nous passions les vacances, mon père avait installé son « bureau » dans l'une des pièces à l'étage. Il y avait une grande fenêtre, une table de bois très longue, en désordre, et derrière, des étagères un peu bricolées sur lesquelles il entassait d'innombrables livres. Quelques objets. Des statuettes africaines en perles, avec des perles manquantes. Des dessins de nous.

Et puis au milieu, il y avait une carte postale – le portrait d'un homme en noir et blanc. Il portait un chapeau, et sur la bouche un sourire dont il était absolument impossible de décider s'il était malicieux et doux ou cruel et moqueur.

La carte postale n'était ni encadrée ni punaisée, elle était posée dans un équilibre instable contre des livres qu'elle masquait. Souvent, lorsque j'entrais dans le bureau ou que mon père ouvrait la fenêtre, il suffisait d'un jour de mistral, d'un grand courant d'air : la carte postale tombait. Mon père, dans un soupir, la ramassait et la reposait. Je n'avais aucune idée de qui était cet homme sur la photo, de la raison pour laquelle mon père le posait là. Surtout, je n'avais aucune idée de ce qui était écrit derrière l'image. Qui avait pu lui envoyer

Prologue

un courrier si important qu'il le fît figurer là, qu'il le ramassât chaque fois ?

J'imaginais toutes les possibilités : une lettre d'amour de ma mère, une lettre de son père, de l'un de ses amis – mais que disait-il alors ? D'une autre femme ?

Je n'osais pas lui demander. Je ne détestais peut-être pas cette incertitude, elle était aussi un faisceau de possibilités. Je ne faisais pas le lien avec le cauchemar.

J'avais juste envie de voir le feu d'artifice de plus près.

Un jour, vous vous en doutez, j'ai transgressé l'interdit : j'ai frappé à la porte du bureau, mon père n'y était pas, je suis entrée quand même, j'ai cherché la carte postale qui une fois de plus était tombée ; je ne fais que la ramasser, me suis-je décidée. Ce fut l'une de ces déceptions de l'enfance qui vous nouent le ventre, légèrement, mais pour longtemps : la carte était blanche. Vierge. Pas même une légende ou une adresse, pas même un trait séparant la zone d'écriture de la zone d'expédition. C'était à peine une carte postale – ce n'était rien, un fantôme démasqué dont on soulève le drap. Pas le début d'un scintillement ou d'une fusée de couleur : un loupé. J'étais déçue et j'avais honte, j'ai refermé la porte en évitant qu'elle claque, je suis retournée dans ma chambre. J'ai fermé les volets bleus en espérant que le somnambulisme allait cesser, cesser en tout cas de me mettre en danger. Je crois que le rêve de l'homme hilare s'est arrêté au mois d'août, quand nous avons quitté la maison de vacances. J'allais bientôt avoir dix ans.

** *

Au collège, trois ou quatre ans plus tard, je suis des cours d'allemand « première langue ». Je ne l'ai pas choisi : les amis les plus drôles sont plutôt en anglais ; en allemand, ce sont les premiers de la classe, ceux qui portent des lunettes de couleurs vives comme s'ils étaient encore des enfants. Ma mère ne m'a pas vraiment laissé le choix, on lui a expliqué que c'étaient les meilleures classes, et il semblerait qu'elle ait pour moi de grandes ambitions. La professeure d'allemand ressemble à une caricature, elle a un chignon blond impeccable, des ongles rouges immensément longs (l'effroi du son qu'ils feront s'ils touchent le tableau à la perpendiculaire). Elle a établi dès le premier jour une règle qui ne souffrira aucune exception, « vous n'aurez donc aucune excuse pour ne pas avoir fait vos exercices » : si l'on oublie son manuel, on sort. Je prends donc soin de l'avoir et, ce jour-là, je le feuillette discrètement quand tout à coup : le portrait. C'est lui. Il est là, je le reconnais, c'est l'homme de la carte postale. Il n'a pas tout à fait le même sourire et le chapeau a disparu, l'expression est plus neutre mais je reconnais son regard – sa bouche aussi, qui m'inquiète immédiatement.

Prologue

« Franz Kafka est un écrivain pragois de langue allemande et de religion juive, né le 3 juillet 1883 à Prague et mort le 3 juin 1924 à Kierling », dit la légende qui me fit l'effet d'une explosion – la preuve, aujourd'hui, vingt ans plus tard, je la récite de mémoire. Alors, c'était lui ?

*
* *

La carte postale a pris vie. Au fil des années qui ont suivi, elle s'est animée, le visage a fugué du papier cartonné, il est venu se faufiler sous ma porte. Kafka est devenu un amoureux clandestin. Quand mes histoires d'amour échouaient, quand je voyais l'impasse se profiler, je me réfugiais dans l'idée que si je l'avais rencontré lui, il m'aurait aimée comme il se doit. Je l'ai lu, bien sûr, je n'avais que les textes : aucune archive, nulle part sa voix, aucun film même, juste quelques portraits et des noms de lieux – Berlin, Prague, qui aujourd'hui n'étaient plus les mêmes. L'histoire d'amour était condamnée au cul-de-sac. Mais elle me consolait des chagrins sans fond de l'adolescence.

Je trouvais *La Métamorphose* atroce, la cruauté qui en transparaissait me subjuguait, ce cafard dont toute une famille cherche à se débarrasser, et lui qui en fait un héros. *Le Procès* et *Le Château*, la première fois, m'ont ennuyée.

Mais s'il disparaissait, c'était toujours pour mieux revenir.

C'est par mes études de philosophie, bien plus tard, que je l'ai retrouvé. Je lui ai consacré ma thèse : les philosophes lisent Kafka. Je suis alors entrée sur son territoire, comme on franchit une porte lourde qui fait de l'ombre et un bruit immémorial. Ça a duré des années. Je trouvais tout, en lui. Des histoires d'amour brûlantes, des ébauches philosophiques maladroites, des fables qui reviennent vous rendre visite lorsque vous éteignez la lumière le soir. Il y avait dans mon rapport à Kafka, sous le vernis académique, une puissance magnétique, un amour de midinette, la tâche de l'enfance, le regard du père. Il était ma langue étrangère.

De la même façon qu'il y a un moment où un écrivain prend corps dans votre vie, il y a un moment où, sans prévenir, il se volatilise. Après la thèse, je me sentais repue de son monde étrange, inquiétant, lointain. J'ai cessé de le relire comme je l'avais fait depuis mon adolescence, c'est-à-dire de façon cyclique. Cessé de chercher chez lui des réponses comme dans un oracle, ouvrant son Journal au hasard. Je ne l'ai pas décidé, c'est lui qui m'a quittée.

Lorsqu'on me demandait « Et Kafka ? », je répondais : « C'est derrière moi. » Ma thèse était devenue un livre universitaire, j'étais allée au bout d'un cycle ; et j'avais envie de lire des femmes, plus proches de moi, des femmes vivantes : je passais d'Annie Ernaux à Maylis de Kerangal, de Joan

Prologue

Didion à Maggie Nelson, de Virginie Despentes à Hélène Cixous ; elles formaient autour de moi une ronde en technicolor. Kafka était retourné à sa condition de fantôme, tapi quelque part où on peut l'oublier. Je n'imaginais pas une seconde qu'il pouvait être un personnage de fiction. Je le respectais trop pour ça.

*
* *

Au début du printemps 2020, plusieurs coïncidences me ramènent Kafka comme une vague ramène une algue sur le rivage : la parution d'une nouvelle traduction française de ses *Journaux* – et puis, surtout, une maladie qui se met à nous menacer tous, au point que nous nous retrouvons confinés, privés d'un printemps qui s'offre à nous dans un éclat un peu insolent. Ce virus s'en prend aux poumons en dernier, et ce qui cause cette crise sanitaire c'est le débordement des services de réanimation. Les gens n'ont plus d'oxygène, on lit des articles disant que les médecins hospitaliers sont contraints de faire des choix, alors oui, entre un jeune et un vieux, on sauvera plutôt le jeune.

C'est là qu'il revient. Car il est le seul écrivain, pour moi, qui peut nous parler de la maladie. De ce qu'elle grignote de nos corps, de nos vies, de cet air qui se réduit sous nos narines. Je trouve chez Kafka, dans ses *Journaux* en particulier, une forme de consolation : il donne forme à une sensation très étrange qui me traverse alors, celle que le pire scénario est toujours possible. La fin du monde, la contagion, survivre seul parce qu'on en sera finalement réduit à cela, on le répète pour se faire peur, et puis un jour, nous y sommes. Toute la vie de Kafka, son rapport à l'écriture, se tient sur ce fil qui ces jours-ci me fait du bien : le pire peut arriver, le pire arrive, au moins il nous offre quelque chose qui ressemble à un combat.

Je suis frappée par la récurrence du verbe « étouffer », qui surgit de chaque page ou presque de ces *Journaux*, même avant que la tuberculose, qui le tuera par étouffement, ne se soit déclarée. Je ne sais plus si c'est moi qui ne vois que cela, ou si c'est lui qui nourrit cette étrange obsession respiratoire. En ouvrant une page au hasard, ceci :

> Deux enfants seuls, dans l'appartement, grimpèrent dans une grande malle, le couvercle retomba, ils ne purent l'ouvrir et étouffèrent. [...] C'est un certain bonheur, indéniablement, que de pouvoir tranquillement écrire : « s'étouffer est une horreur inconcevable ». Inconcevable, certes, donc de nouveau rien n'aurait été écrit [2].

Je me répète cette expression qui résonne douloureusement : « détresse respiratoire ». Depuis le mois de mars, elle est partout, je l'entends à la radio, « si vous ressentez les symptômes d'une détresse respiratoire, appelez le 15 », je la lis dans

Prologue

des articles de journaux, dix, peut-être quinze fois par jour, et pour la première fois de ma vie, sans oser me le formuler, je la trouve belle. Entre la respiration et la détresse, quelque chose de la vie comme combat, d'un dernier fil, d'un appel à l'aide, un petit éclat de beauté au milieu de cette horreur inconcevable.

Au cours de ces journées inédites, je lis les *Journaux* de Kafka, dans cette nouvelle traduction qui vient de paraître, un peu chaque jour. Il devient imperceptiblement une sorte de carte postale numérique. J'envoie aux gens que j'aime des photos de ces pages qui me transpercent, comme pour donner aux autres la force qui me prend quand je le lis. Cette nouvelle traduction me bouleverse par sa proximité avec le texte original. Certaines phrases me coupent le souffle, littéralement – je m'aperçois que j'ai cessé de respirer. J'envoie à une amie dont le prénom est Amalia la photo de cette phrase du *Château* : « Amalia sourit, et ce sourire, quoique triste, éclaira le visage sombre et fermé, donna la parole à ce qui ne parlait pas, rendit familier ce qui était lointain. » Elle me répond : « J'aime qu'elle ait mon prénom. La fin du monde est faite pour nous. »

Mon père aussi, étrangement, m'écrit un jour ce long message :

> Dans les *Journaux* de K. cette phrase qui m'avait marqué adolescent, à relire à la lumière du confinement : « Il n'a d'autant de sol que ce qui est nécessaire

J'irai chercher Kafka

à ses deux pieds, autant d'appui que celui que ses deux mains lui procurent, et donc beaucoup moins que le trapéziste des variétés, pour lequel ils ont quand même disposé en bas un filet de sécurité. »

J'entends cet écho bizarre qui se crée alors, comme un acouphène qui augmente, Kafka est partout. Il devient une monnaie d'échange.

La traduction qui vient de paraître propose de nombreux inédits, je cherche à comprendre d'où ils viennent. Je me mets en quête d'éléments sur l'origine des manuscrits. Je suis alors engloutie dans l'histoire de la publication des textes de Kafka : ces textes qui étaient destinés au feu, et qui y ont tant de fois résisté, par chance, par miracle, parfois par audace. Ces textes qui sont entre nos mains alors qu'ils n'auraient pas dû l'être. Ces textes sont des rescapés.

Au cours du mois d'avril, alors que cette traduction m'accompagne comme si quelqu'un me prenait littéralement par la main, j'apprends la mort du traducteur. Il est tombé malade, vaincu par la détresse respiratoire. Alors, même Kafka ne nous sauvera pas ?

*   *
*

Dans l'histoire des manuscrits, un détail me retient : ce que l'on appelle les « testaments ». Je savais que Kafka avait publié quelques nouvelles de

Prologue

son vivant seulement (dont *La Métamorphose*), et qu'il avait instamment demandé à son ami Max Brod de brûler tout le reste après sa mort. Le premier sauvetage de l'œuvre se joua dans la décision, prise immédiatement par Max, de trahir le testament, et d'aller dans la direction absolument contraire. Max Brod écrivait lui aussi. De leur vivant, il était même plus lu, plus célèbre que son ami Franz – plus « en vue ». Immergé et bien placé dans les cercles littéraires germanophones, Max fut l'un des premiers autorisés à lire ce que Franz écrivait. Dès le premier texte, il décida de tout faire pour aider son ami à publier. Sans relâche, il joua les intermédiaires auprès des éditeurs et directeurs de revue. Il resta jusqu'à la mort de Franz son premier lecteur, systématiquement, sans exception. Il fut aussi ce que l'on appellerait sans doute aujourd'hui son « agent littéraire ».

Max avait quarante ans lorsque la tuberculose emporta son ami. Il passera le reste de sa vie à composer l'œuvre de Kafka, à la façonner, l'éditer, la modeler, et à nous la passer.

J'avais toujours pensé que ce « testament » prenait la forme d'une lettre adressée à Max Brod (je visualisais une enveloppe). Je découvre alors qu'il s'agit en réalité non pas vraiment d'une lettre qui aurait été adressée, affranchie, envoyée, mais de deux billets (petits papiers) non datés. L'un, lis-je, est écrit au crayon de papier ; l'autre à l'encre noire. Kafka y consigne la liste précise de ce qu'il juge pouvoir garder.

« Quand je dis que ces cinq livres et ce récit sont valables, cela ne signifie pas que je souhaite qu'ils soient réimprimés et transmis aux temps futurs ; s'ils pouvaient au contraire être entièrement perdus, cela correspondrait à mon désir », écrit-il au milieu de la page [3].

Il laisse ces papiers dans un tiroir, lorsqu'il s'en va pour Kierling, le dernier sanatorium (il est déjà très malade, et craint de ne pouvoir revenir). Mais il n'a ni envoyé ni donné ces billets à Max. Max les a *trouvés*, et même les a découverts en fouillant un peu. Pourquoi y en avait-il deux ? Pourquoi le premier au crayon, pour pouvoir le gommer ? Avaient-ils été écrits le même jour ? Dans quel état physique était Kafka ce jour-là ? Voulait-il vraiment les lui donner ?

Moi qui n'ai jamais eu la passion des chercheurs gantés manipulant les originaux comme des objets sacrés, je me retrouve brutalement obsédée par ces deux bouts de papier. Il y a là un mystère qui, dans son dos, me semble éclairer toute l'œuvre de celui qui deviendra l'un des plus grands écrivains du siècle. J'ai l'intuition que ces bouts de papier, s'ils pouvaient parler, nous expliqueraient mieux que quiconque l'écriture de Kafka : l'écriture comme seule façon de tenir, de se sauver, dans tous les sens du terme (fuir, et survivre).

Prologue

Ces bouts de papier me hantent, me bousculent, viennent me poser question. Qu'est-ce que la fidélité ? La fiction doit-elle être fidèle au réel ? Et puis, quelque part dans le tourbillon qui se forme autour de ces deux papiers-là, il y a le reflet de la carte postale vierge de mes neuf ans, un bout de papier, elle aussi, un mystère, un portrait à inventer.

Voilà ce à quoi je me trouve confrontée, au moment où les frontières se referment autour d'une cellule, ma cellule familiale : le désir de tracer les contours de quelques bouts de papier, d'en faire une cartographie, de les traduire peut-être – de raconter Kafka par le bout de la texture physique de ses textes, de ce qu'ils ont de sensible, de tellement vivant. Tracer deux lignes parallèles, deux colonnes, comme les deux zones du verso d'une carte postale : d'un côté, l'histoire de ces manuscrits qui étaient interdits au futur et ont traversé un siècle de part en part ; de l'autre, la façon dont cet homme en noir et blanc a pris corps dans ma vie. Regarder ce feuilleton presque trop américain pour que l'on puisse y croire vraiment, car suivre ces morceaux de papier, c'est se plonger dans un espace où le réel piège la fiction, la moque ; c'est se plonger dans un temps à la fois précis et éternellement retardé, divisé, un temps élastique comme celui des *Mille et Une Nuits*. Ces manuscrits vont connaître les autodafés nazis, se cacher dans une valise pour fuir Prague vers Tel-Aviv, être revendus à une bibliothèque en Allemagne, être scellés

J'irai chercher Kafka

dans des coffres-forts en Suisse. Et comme pour défier les nuances, ils vont se retrouver au cœur d'un procès long de presque cinquante ans, un procès dont le verdict citera le Talmud et concédera que le tribunal est incapable de répondre à la seule question qu'il aura eu le mérite de poser : à qui appartient Kafka ?

I

Voir Kafka mourir

Prague, 1924

Chapitre premier

Les feuilles volantes

> Si les nouilles n'avaient pas été aussi légères, je n'aurais pas pu manger du tout ; tout, même la bière m'a brûlé [1].

Ce sont des mots écrits sur des feuilles volantes, d'une écriture déformée par la position allongée. Des listes, des fragments. Quelques dessins griffonnés. Deux choses y reviennent comme des refrains, ou comme des manies de fin de vie : la bière, et les pivoines. Les papiers sont posés sur la table de chevet de cette chambre vaste mais monacale, la chambre du sanatorium de Kierling où Kafka va bientôt mourir.

Ces papiers ont été conservés par Robert Klopstock, un médecin berlinois rencontré dans l'une des premières maisons de repos où la maladie a conduit Kafka, au mois de février 1921. Robert, qui a dû interrompre ses études de médecine à Budapest, s'y trouve pour la même raison que Franz : la tuberculose. Kafka a choisi sans hésiter une villa isolée de tous, la villa Tatra. Il y a une chambre avec un balcon au premier étage, peu de chauffage, mais personne dans la journée. Il peut

J'irai chercher Kafka

y jouir du silence, et exposer son larynx au soleil sans être vu. Il sort marcher une fois par jour, et c'est là seulement, en dehors du réfectoire, qu'il aperçoit les autres pensionnaires. Robert et lui se parlent pour la première fois sur des chemins de sapins, caillouteux, en se vouvoyant – et ils ne se quittent plus. Franz attend de lui un regard de médecin mais sans pudeur, ni méfiance. Dans l'idée de « prendre soin » se loge toute la profondeur de leur lien. Il sera l'une des deux personnes à veiller Kafka, la nuit du 3 juin à Kierling.

Les éditeurs les ont appelés des « feuillets de conversation », je trouve cela un peu pompeux. Ou encore des « paperoles » – et là par contre, la résonance avec « papelard » est trop vulgaire pour ce qu'ils désignent. Ce sont des feuilles volantes, sur lesquelles Kafka écrit au crayon de bois, au cours des trois dernières semaines de sa vie. Trois semaines d'agonie venues sournoisement ponctuer quatre mois de ce printemps 1924 où il se sent enfin « au seuil du bonheur ». La maladie gagne du terrain, découpe peu à peu son corps en tranches. J'imagine une trancheuse électrique comme celles que l'on voit chez le boucher, « quelle épaisseur pour le rosbif ? ». J'entends ce bruit qui me fait grincer les dents. Ces journées d'agonie à Kierling produisent des sensations similaires, me dis-je : chaque morceau de ce que son corps lui permettait encore de faire se détache de lui progressivement. D'abord, la voix se modifie ; puis vient la difficulté

Les feuilles volantes

de manger, de boire, d'avaler quoi que ce soit sans se brûler la gorge ; et en dernier, l'impossibilité de parler. Alors Kafka écrit sur ces feuilles de papier, et les tend aux deux personnes qui l'entourent quotidiennement : Robert, et Dora, sa toute dernière amante.

Les cordes vocales sont infectées en dernier. Il a perdu, il a perdu sa voix.

L'écriture est fragile, certaines lettres sont penchées, les lignes tanguent un peu, mais l'écriture existe, dernière ficelle, elle résiste comme un minuscule voilier résiste à l'immensité d'une tempête – ridicule et majestueux à la fois.

Parmi les supports papier de cette écriture au bord de la disparition, outre les feuilles de brouillon non lignées, on trouve quelques cartes postales. Le sanatorium les mettait à la disposition des malades, pour leur correspondance. Kafka les utilisera en ce sens, du reste. La toute dernière lettre est adressée à ses parents, il l'a écrite difficilement au verso de l'une de ces cartes.

> Très chers parents, rien qu'un mot pour rectifier : mon désir de boire de l'eau (comme on la sert toujours chez nous après la bière, dans de grands verres) et de manger des fruits n'est pas moindre que pour la bière ; mais, pour l'instant, je ne progresse que lentement. Affectueusement [2]

J'irai chercher Kafka

Au recto : des vues de ce sanatorium un peu sinistre, mal reproduites, en noir et blanc évidemment.

Comme Kafka, à la fin, correspond peu, il lui reste des cartes postales vierges, il s'en saisit exceptionnellement pour s'adresser à Robert : « Un peu d'eau, ces pilules restent fichées dans la muqueuse comme des éclats de verre » ; ou à Dora : « J'aimerais m'occuper surtout des pivoines, parce qu'elles sont si fragiles. Demande s'il y a de la bonne eau minérale, juste par curiosité » ; à Robert encore : « Avez-vous un instant ? Alors, s'il vous plaît, donnez un peu d'eau aux pivoines. »

* * *

Depuis la fin du mois d'avril 1924, on a diagnostiqué une lésion du larynx, due à la tuberculose. L'aggravation de l'état général de Kafka est impressionnante, il se consume, manger lui cause des douleurs insupportables, il pèse « 49 kilos en vêtements d'hiver ». Il vit en alternance dans des maisons de repos, des cliniques, des sanatoriums, contraint de quitter de plus en plus ce dernier appartement, à Berlin, qu'il aime infiniment.

Il vit alors avec Dora, la seule femme avec qui il aura jamais vécu.

Elle s'appelle Diamant – ça ne s'invente pas. Elle sera la dernière à l'avoir touché, à avoir vu cette bouche rire et embrasser. C'est l'histoire d'un amour qui s'est vécu face à la mort, droit dans les

Les feuilles volantes

yeux, sans faiblir. Lorsqu'il rencontre Dora Diamant, Kafka sait qu'il est malade depuis trois ans, toute sa vie est comme un fil enroulé autour de cette maladie : l'écriture, l'ascèse, la douleur permanente. Tout désormais ressemble à un combat. À l'été 1923, sa sœur le convainc de passer quelques jours à la mer. Sur cette plage de la Baltique se trouve le camp de vacances d'un Foyer juif pour enfants berlinois. Dora, originaire d'une famille orthodoxe émigrée d'Europe de l'Est, y travaille. Elle est aux fourneaux. Joue un peu, l'après-midi, avec les enfants, sur cette plage où Kafka vient marcher. Il est toujours habillé de la tête aux pieds. Il l'impressionne. Elle a dix-neuf ans. Elle pense d'abord qu'il est le père d'une famille en vacances avec les enfants. Mais elle les remarque, « l'homme surtout », et bientôt, elle attend leur arrivée sur la plage. Elle ne parvient pas à oublier « l'impression qu'il lui a faite ». Elle le trouve grand et maigre, et elle qui a la peau si claire est fascinée par son teint mat : « je crus d'abord qu'il n'était pas européen, mais avait du sang indien ».

Un jour, raconte-t-elle, on nous annonça au Foyer qu'un certain docteur Franz Kafka viendrait dîner avec nous. C'était l'heure où j'avais beaucoup à faire dans la cuisine. Lorsque je pus enfin lever les yeux de mon travail – la pièce était devenue plus sombre et quelqu'un se tenait dehors devant la fenêtre –, je reconnus l'homme que j'avais aperçu sur la plage.

J'irai chercher Kafka

Puis il entra – je ne savais pas que c'était Kafka, et que la femme, avec qui il se trouvait sur la plage, était sa sœur. « De si jolies mains pour ce travail de boucher », fit-il d'une voix très douce. [Kafka était végétarien, et Dora était en train de vider des poissons, N.D.A.]. À un moment, un petit garçon se leva, mais il se sentit si gêné en sortant qu'il tomba par terre. Kafka s'adressa à lui avec des yeux remplis d'admiration : avec quelle habileté tu es tombé, avec quelle habileté tu t'es relevé ! En y repensant plus tard, il me sembla que ces paroles voulaient dire que tout pouvait être sauvé. À l'exception de Kafka [3].

Dans ses *Journaux*, Kafka consigne ses rêves, ils sont nombreux, se bousculent parfois, se transformant imperceptiblement en petites histoires. Kafka rêve beaucoup, il est de ceux qui font de leur inconscient un pays poreux, la nuit est perméable au jour – une circulation est possible. L'un des rêves qui m'a le plus marquée ne figure pas dans ses *Journaux*, mais dans une lettre à Max. Le rêve est terrible :

> Des phantasmes où je me vois par exemple allongé par terre et découpé comme un rôti, puis tendant lentement un morceau de ce rôti à un chien couché dans un coin, de tels phantasmes sont la nourriture quotidienne de mon esprit [4].

Pourtant, comme nous le rappelle Dora, la viande le dégoûte : elle crache du sang.

Les feuilles volantes

Ils ont choisi un appartement clair, un deux-pièces dans un quartier isolé de Berlin, à l'ouest de la ville, c'est résidentiel et il y a un immense parc nommé Steglitz, ils se sentent presque à la campagne. Ils ont vue sur un petit jardin. Comme pour défier la mort sur laquelle il ne se fait aucune illusion, Kafka vit en deux mois tout ce qu'il échoua à vivre sa vie durant : une histoire d'amour dans le sillage du quotidien, loin de l'appartement familial de Prague, et l'écriture de plusieurs récits jusqu'à leur terme. Dans les billets qu'il laissera en testament, parmi les cinq textes qu'il ne reniera pas tout à fait (« quand je dis que ces cinq livres sont valables »), trois ont été écrits au cours de ces semaines-là. Tout semble indiquer ceci : qu'il peut y arriver. Il désire conserver quelque chose comme une intégrité de soi, protéger deux morceaux de lui qui ne seront pas tranchés dans le vif. Deux morceaux qu'il s'acharne alors à ficeler ensemble, comme un rôti qui doit tenir au four : l'amour, et l'écriture. « Il ne respirait que les jours où il écrivait », dira Dora.

Dora comprend que l'écriture le sauve, elle le laisse être, ça le rend heureux. Ses journées sont toujours les mêmes : le matin, il aime aller faire les courses, on le voit souvent dans le quartier avec une bouteille de lait vide à aller remplir, il part toujours avec un calepin, et s'il l'oublie, il en achète un en route. Lorsqu'une fiction se met en marche, tout peut être interrompu. Un jour, après le dîner, il commence à écrire, il écrit très longtemps, Dora s'endort malgré la lumière et lorsqu'elle s'éveille, elle le reconnaît à peine : « les traces de la tension de l'esprit qui l'avait agité étaient si visibles que son visage en avait été complètement métamorphosé [5] ». Il venait d'écrire le début du « Terrier ». C'est l'histoire d'un animal vivant sous la terre, sans doute une taupe, qui creuse un terrier totalement hermétique à toute forme d'extériorité. Un jour, il entend un bruit, et se met à tout creuser pour trouver d'où vient ce bruit. Ce faisant, il détruit peu à peu le terrier qu'il avait si précautionneusement construit. L'animal devient fou.

Dora ressemble à ce soleil que Kafka prend à l'abri des regards, sur les balcons des sanatoriums où il est obligé de se rendre régulièrement. On dirait qu'elle est un remède, une caresse, elle a cette douceur. Avec elle, il peut rêver, il imagine qu'il ouvre un restaurant, il imagine qu'il part pour la Palestine et recommence sa vie. Elle a vingt ans de moins, il sait qu'il doit essayer de lui faire croire à ses promesses. Elle le verra mourir, il le sait depuis le début, en tout cas il l'espère. Elle sera celle qui change l'eau des pivoines. Elle écrira de lui qu'il avait des poignets très fins et de longs doigts aériens. « Nous nous amusions parfois à projeter sur le mur nos mains en ombres chinoises et à ce jeu, il faisait preuve d'une extraordinaire habileté. »

Les feuilles volantes

* * *

En mars 1924, Kafka se trouve contraint de quitter l'appartement de Berlin, il maigrit beaucoup et doit consulter, se reposer. Il se sent obligé de rentrer à Prague chez ses parents – ça le terrifie. Il y reste le moins de temps possible. Sans doute a-t-il alors besoin de leur aide matérielle : les frais médicaux s'intensifient, à Berlin nous sommes en pleine inflation, Kafka a cessé de travailler dans sa compagnie d'assurances, ses textes ne l'ont jamais fait vivre. L'appartement familial se situe place de la Vieille Ville, dans la Maison Oppelt, au dernier étage. C'est un appartement bourgeois, avec de grandes fenêtres – son plan correspond très précisément à celui de l'appartement décrit dans *La Métamorphose*. Je l'ai appris dans un échange de lettres avec sa sœur Ottla, qui me fait rire chaque fois que je le relis : sa sœur lui écrit qu'elle a lu *La Métamorphose* et qu'elle a été frappée de constater à quel point le plan de l'appartement de la famille Samsa correspond pièce par pièce à l'architecture de leur propre appartement familial. Ottla indique avec nuance, humour et une certaine espièglerie fraternelle la terreur qu'a pu lui inspirer la dimension autobiographique de cette histoire.

Réponse de Franz : « Mais non, dans ce cas, le bureau de Papa serait dans les toilettes. »

Après avoir déménagé à Berlin, Franz a gardé une petite pièce en guise de bureau dans la Maison

J'irai chercher Kafka

Oppelt où vivent ses parents. J'imagine une pièce rangée et simple, avec peu de meubles. Ce n'est pas un bureau d'écrivain comme on les fantasme parfois, ce n'est pas non plus le bureau de mon père dans cette maison du Midi, il n'y a pas de statuettes ni de papiers qui traînent. Kafka est assez maniaque, ce qui traînerait est immédiatement rangé dans des tiroirs – ces tiroirs en bois clair, c'est eux qui cacheront l'un des morceaux de ce désordre interdit, les deux billets du testament.

Là, il se met à écrire l'une des histoires qui me fascinent le plus : « Josefine la chanteuse ». Il l'écrit entre mars et avril, juste après le diagnostic de la lésion du larynx. Ces deux données biographiques, la lésion et l'écriture de ce récit, sont exactement contemporaines.

C'est l'histoire d'une souris.

Il s'en va bientôt pour le sanatorium Wiener Wald en Autriche. Dora vient le rejoindre. Là, chaque jour, il voit un patient mourir. Chaque matin un lit vide, qu'il montre à Dora. On lui recommande alors une « cure de silence » – de toute façon, il n'arrive plus à parler.

Il travaille encore un peu. Plusieurs petits récits viennent de paraître les uns après les autres dans des revues, il vient juste de terminer « Josefine », et comme il a besoin d'argent, il demande à Max, qui vient le voir à Wiener Wald, de solliciter Otto Pick, responsable littéraire d'un quotidien pragois, pour qu'il publie le texte. Ensemble, ils mettent

Les feuilles volantes

aussi au point un recueil de nouvelles, un livre cette fois, que Max établit avec les éditions Die Schmiede. Le recueil s'appellera *Un artiste de la faim*. Kafka travaille sur les épreuves. Au cours des deux dernières semaines, il décide d'un ajout, il en informe Max : le livre se terminera par l'histoire de Josefine.

Josefine est une souris cantatrice. C'est le peuple des souris qui nous raconte son histoire, et cette histoire repose sur un mystère : « il n'est personne que son chant ne subjugue » alors que, premièrement, ce peuple n'aime pas la musique ; deuxièmement, ce n'est pas tout à fait un chant que propose Josefine : « ne serait-ce pas un simple sifflement » ?

Kafka déploie ce mystère, sans le dénouer, il raconte ces moments où le peuple des souris écoute Josefine, silencieux, dans un corps à corps tumultueux. « Bientôt nous plongeons nous aussi dans le sentiment de la foule qui tend l'oreille avec chaleur, corps contre corps, en respirant timidement. »

Cette timidité dans leur écoute me touche, car elle ne contredit pas l'intensité : on peut écouter doucement, à pas feutrés, écouter en se faisant oublier, tout en étant dans la chaleur d'un corps à corps. Je lis beaucoup d'histoires à mon fils, il m'écoute dans cette discrétion, son corps contre le mien me redonne les sensations oubliées de la grossesse. Lorsque je lui lis des histoires, je suis un peu comme Josefine. D'ailleurs, c'est incroyable le nombre de souris que l'on trouve dans les histoires pour enfants. La souris qui cherchait un mari, la souris et le lion, la famille souris, la souris de nuit, la petite souris quand une dent tombe, je ne parle pas du rat des villes et du rat des champs. Pourtant, dans le récit de Kafka, l'une des particularités du peuple des souris est qu'ils ne connaissent pas de jeunesse, « à peine une minuscule période enfantine ». « C'est que notre existence est ainsi faite que, dès qu'il sait marcher un peu, un enfant doit se débrouiller tout seul comme un adulte. »

Dans le chant de Josefine on trouve un affaiblissement, une lente décroissance, un organe qui se rétracte. On ne saisit pas tout à fait si c'est douloureux ou doux, mortifère ou agréable.

> Tout cela en vérité n'est pas dit avec de grands accents, mais avec légèreté, en chuchotant, en confidence et parfois d'une voix enrouée[6].

Robert Klopstock, après être venu voir Franz et Dora à Berlin, se rend à Wiener Wald. C'est lui qui décide de le transférer en avril dans une clinique de Vienne, puis au sanatorium de Kierling. Il reste. Il a compris avant tout le monde – il est médecin. C'est entre eux comme un secret chuchoté, il va mourir bientôt. À Berlin déjà, un soir où il était venu dîner dans le deux-pièces cuisine, il avait remarqué que Kafka commençait à parler d'une voix légèrement enrouée. Franz s'en inquiétait,

Les feuilles volantes

Robert avait tenté de le rassurer, l'hiver était glacial, l'enrouement presque imperceptible. Kafka l'avait regardé d'un air entendu : « ça tombe bien, je viens de commencer une étude sur le couinement des animaux ».

À Kierling, jusqu'à la veille au soir de sa mort, Kafka corrige encore « Josefine » sur épreuves. Il écrit à Robert sur l'une des feuilles volantes : « n'est-ce pas que j'ai commencé à temps mon étude sur le couinement ? ».

La nuit du 3 juin, Dora appelle Robert en catastrophe : Franz ne peut plus respirer. Ils font venir un médecin et une infirmière qui lui déposent une poche de glace sur la gorge. Au matin, Robert sent venir l'extinction, il tient la promesse qu'il a faite à Franz : que Dora n'assiste pas au dernier souffle. Il demande donc à Dora d'aller à la poste et de rapporter si elle peut un bouquet de lilas, ou de pivoines, Franz ne parle plus que de cela depuis trois jours.

> Hier soir encore une abeille a butiné le lilas blanc. Couper très en biais, comme ça elles peuvent toucher le fond.

Mais au dernier moment, Kafka manifeste le regret que Dora ait quitté la pièce. Robert la rappelle, elle revient essoufflée, un bouquet à la main, elle lui dit « regarde ces fleurs, respire-les un peu ».

On raconte que les tuberculeux, juste avant de mourir, traversent une phase d'excitation, d'euphorie.

J'irai chercher Kafka

On sait que Kafka, lui, n'en montra aucun signe. Il est mort vers midi.

>Le lilas, c'est merveilleux, n'est-ce pas – il boit en mourant, il se saoule encore.

* *

L'après-midi, le corps est déposé à la morgue et doit être acheminé vers Prague le lendemain, où ses parents l'attendent. Dora se charge de prendre les cartons avec les quelques affaires qu'il avait emportées, elle prend les épreuves de « Josefine », se dit qu'elle les confiera au plus vite à Max. Robert, sur la table de chevet, rassemble les feuilles volantes, ces papiers de conversation.

Dans les éditions françaises, ils ne figurent à ma connaissance que dans l'un des volumes de la Pléiade en quatre tomes parus dans les années 1990. Je les avais reçues en cadeau de Noël, l'année de mes vingt ans. Jusqu'à ce que je commence ma thèse, cinq à six ans plus tard, je n'avais pas osé les toucher : trop dorées, trop fines, trop blanches, ces couvertures en carton dans lesquelles je m'agace à tenter de faire entrer le livre. Elles étaient presque devenues des objets décoratifs, exposées au-dessus de mon bureau comme pour dire : je suis importante. J'ai les Pléiades de Kafka. Un peu comme on exhibe un trophée, mais ce trophée-là serait factice, il porterait secrètement le sceau du mensonge,

Les feuilles volantes

de la vanité – je les montre mais je ne les ouvre jamais. Je m'aperçois aujourd'hui que mettre ces volumes en évidence, c'était aussi avoir au-dessus de moi, quand je travaillais à mes études, le visage de Kafka ; sur la couverture blanche, au-dessus de KAFKA écrit en lettres rouges on trouve sur chacun des tomes un portrait de lui inscrit dans un petit carré, en noir et blanc.

Le portrait du premier tome est celui du manuel d'allemand de mes quatorze ans : il n'y a plus le chapeau que portait l'homme de la carte postale, dans le bureau de mon père, mais le visage est le même, je l'avais reconnu. C'est lui qui est là, à la fois sournois et protecteur, sur ce livre que je n'ouvre pas encore. Si je ferme les yeux, je l'imagine se mettre en mouvement : il me fait un clin d'œil, conscient de l'effet qu'il me fait. Mais il ne sait pas encore que je vais lui donner vie cent ans après – rira bien qui rira le dernier. Je le toise et l'écriture devient comme un bras de fer. Qui est la marionnette de qui ? Qui crée l'histoire qui s'anime sous mes yeux, moi, ou lui ?

*
* *

Pour ma thèse, j'ai été obligée d'ouvrir ces Pléiades. Je me souviens avoir lu le Journal dans cette édition. C'était le tome III. À la toute fin de ce volume, on trouve les « extraits de feuillets de conversation ». C'est là que j'ai découvert que

J'irai chercher Kafka

Kafka, avant de mourir, avait perdu la voix, et qu'il écrivait pour communiquer. Il m'est resté en mémoire l'une des dernières phrases griffonnées avant sa mort : « pourquoi n'ai-je même pas essayé la bière à l'hôpital. Limonade tout était si infini ».

À vrai dire, comme dernière phrase du plus grand écrivain du siècle, je trouvais cela un peu décevant. Mais surtout, je ne la comprenais pas : qu'est-ce que c'est que cette histoire de limonade ? Si j'avais l'habitude que Kafka résiste à ma compréhension, si je l'acceptais, petit à petit, comme un contrat tacite que j'aurais signé avec lui – pour la dernière phrase, tout de même, une phrase qui, en plus, parle de limonade, j'étais un peu vexée.

Et puis j'ai lu *Le Lambeau* de Philippe Lançon, au moment où le livre est sorti. De façon pour le moins inattendue, cette lecture fut l'un des moments forts de la présence de Kafka, de son entrée irruptive, éclatante, dans un présent qui semble n'être pas fait pour lui.

Rescapé de l'attentat de *Charlie Hebdo*, où il a vu ses amis tués à bout portant, où il a feint d'être mort et senti une balle lui transpercer le visage, Philippe Lançon raconte comment les vivants se réparent, comment les lambeaux se recousent, tant bien que mal. Dans le livre, il ne cite pas seulement Kafka, il lui donne vie. Kafka est l'un des personnages qui composent la ronde de ceux qui travaillent à sa reconstitution. Chaque fois qu'il descend au bloc opératoire – « le monde d'en

Les feuilles volantes

bas » – c'est Kafka qu'il emmène. Contre lui se logent, à chaque opération, les *Lettres à Milena*. Comme un fétiche ou un attrape-rêves, ces lettres forment un bloc de papier qui aura peut-être la puissance de dégommer la mort. J'en suis émue aux larmes. Mais vers le milieu du livre, une phrase écrite sur une ardoise Velleda (Philippe Lançon ne peut pas parler, c'est ainsi qu'il communique avec ceux qui viennent lui rendre visite) me bouleverse plus encore – pourtant, Kafka n'y apparaît pas.

Cette phrase parle du désir de boire, de la puissance de ce désir. Lançon transcrit le plaisir qu'il a à avaler un yaourt, à sentir traverser sa gorge cette texture qui n'est ni tout à fait liquide, ni tout à fait solide, à deviner confusément qu'il en a partout autour de sa bouche, qu'il ne sait plus faire, qu'il va devoir réapprendre. En lisant cette page, je me décide à lui écrire. Je recopie et lui adresse, dans un courrier que je trouve un peu maladroit en le relisant aujourd'hui, des extraits de ces « feuillets de conversation » de Kafka – j'ignore s'il connaît ces bouts de phrase écrits les derniers jours, au sanatorium, non pas sur une ardoise Velleda (ça n'existait pas encore) mais sur des feuilles volantes.

On s'étrangle peut-être plus facilement avec des petites quantités.

Je veux surtout partager avec lui le parallélisme, si troublant, de cette espèce de phénoménologie du yaourt.

J'irai chercher Kafka

Kafka, lui, écrivait yoghurt.

On peut le manger dans le pot, c'est bon, mais pas propre, mais comme je n'en mangerai que très peu, le mieux est de remuer le tout et de m'en mettre un peu dans le verre. Je ne pourrai pas l'avaler sans eau. Le yoghurt m'aurait amplement suffi. Il suffit à tout le monde. Il change avec le temps, il est encore bien meilleur par temps chaud, pas si doux, ni si solide.

À la fin, je demande à Philippe Lançon ce qu'il pense de la dernière phrase écrite par Kafka, avec la bière et la limonade. Je lui confie que je ne parviens pas à la comprendre. Pourquoi la bière ne serait-elle pas infinie, elle ? Pourquoi la limonade l'est-elle : à cause du sucre, de l'enfance ? Du mélange de douceur et d'acidité ?

Plusieurs mois plus tard, je reçois une réponse : Philippe Lançon me donne une piste de compréhension de la phrase : en la lisant, m'écrit-il, il pense au demi panaché. La boisson de transition, m'écrit-il. La boisson de l'adolescence. Je m'empresse, dès l'après-midi venu, d'aller commander un panaché dans un café. Je ressens le mélange, je goûte le sucre qui vient masquer l'amertume sans tout à fait l'évacuer. Mais surtout, je constate que l'ajout de la limonade après la pression tue la mousse, éteint les bulles. Le panaché est une promesse déçue. Kafka a raison : il aurait dû essayer la bière, quitte à en finir.

Chapitre 2

Testaments trahis

> Tout cela sans exception doit être brûlé, ce que je te prie de faire le plus tôt possible.

Il est enterré au nouveau cimetière juif de Prague, une semaine après. J'ignore tout de cette cérémonie sur laquelle on ne trouve rien dans les journaux – personne ou presque ne le connaît alors. Oui, ce seront des funérailles d'écrivain, comme celles de Victor Hugo ou de Jean-Paul Sartre, mais à contretemps : plus tard, des années et des années plus tard, d'autres écrivains, des anonymes, des touristes ou des curieux viendront voir sa tombe, il y aura une pancarte et le parcours sera fléché dès l'entrée du cimetière, la tombe sera bien entretenue, fleurie quotidiennement par cette foule disloquée, cette foule qui se croise sans le savoir. Mais le 11 juin 1924, il n'y a que la famille, Max, quelques amis.

J'ai le sentiment, en pensant à la mort de Kafka, qu'elle est hors-temps. J'ai longtemps eu du mal à retenir l'année (je savais que c'était en juin mais je me trompais sur le chiffre 24). Pourquoi ? Quarante ans n'est pas un âge pour mourir quand on écrit comme lui. Peut-être 1924 fuit-elle ma mémoire des chiffres parce qu'elle est une année d'entre-deux, si proche et si étrangère à la fois de ce qui arrivera juste après, le nazisme, l'occupation, l'extermination.

Il n'en saura rien.

C'est comme si sa mort avait déjà eu lieu, lorsqu'elle est survenue. Kafka est un mort-vivant : il était mort de son vivant, il vivra après sa mort. Dans sa trajectoire, la mort ne dessine pas une coupure aussi nette que pour les autres hommes. La frontière est poreuse, perméable : exactement comme toutes celles qui s'enchevêtrent et n'existent que si peu dans son Journal – entre le jour et la nuit, entre ses fictions et ses rêves, son état de conscience et son inconscient. Ça circule, c'est un embouteillage même, mais sans le son.

En novembre 1915, l'un de ses amis, Franz Werfel, lui écrit ces lignes :

> Cher Kafka, vous êtes si pur, ingénu, indépendant et parfait que l'on a envie de vous traiter comme si vous étiez déjà mort et immortel [1].

Six ans plus tard, en 1921, dans son Journal, ces mots :

> Celui qui n'en finit pas vivant avec la vie a besoin d'une main pour dévier un peu le désespoir […]

mais de l'autre main il peut noter ce qu'il voit sous les ruines, car il voit autre chose et plus que les autres, il est en effet mort de son vivant, et le seul vrai survivant [2].

*
* *

Dans ses Mémoires, Max Brod a écrit quelques mots sur les funérailles de juin – « Ce fut une cérémonie sans éclat ». Il semble qu'il ait pris la parole, « j'ai parlé du "Diesseitswunder" que fut Kafka dans ma vie »[3]. On peut traduire cette étrange expression par : un miracle d'ici-bas, un miracle terrestre.

Le cercueil est enfoui à quatre heures. À leur retour dans l'appartement familial, au centre-ville (le nouveau cimetière est excentré), les parents Hermann et Julie Kafka prient Max Brod de rester dîner. Il remarque alors que l'horloge médiévale, sur le mur sud du vieil hôtel de ville, flanquée des figures de la vanité, de la luxure, de l'avarice et de la mort, s'est arrêtée à quatre heures. Il n'y a plus d'après.

Hermann et Julie souhaitent montrer à Max le bureau de leur fils, au-dessus de chez eux, au dernier étage de la Maison Oppelt. Selon les biographes de Kafka, c'est là qu'un premier contrat est signé entre Max Brod et Hermann Kafka, donnant à Brod le droit de publier les œuvres de Franz à titre posthume. Ils mangent ensemble, les trois sœurs sont là, Elli, Valli et Ottla.

Après le dîner, Max Brod demande à retourner dans le bureau de Franz – il y a aperçu des carnets, veut y regarder de plus près. En cherchant à allumer une lampe à pétrole, il voit que l'un des tiroirs est entrouvert. À l'intérieur, un presse-papier en provenance de Carlsbad, ville thermale où Kafka avait passé des vacances avec Felice, sa première fiancée, qu'il échoua deux fois à épouser (fiançailles rompues). Sous ce vieux souvenir, un ensemble volumineux de brouillons inachevés, et deux « billets », non datés, écrits sur du papier libre.

Ces deux bouts de papier adressés à Max vont lui interdire la publication – décision qu'il a pourtant inscrite au bas d'un contrat signé il y a deux heures à peine. Max vient de s'engager à publier ce que Franz lui demande de brûler. Il a pour cela apposé sa signature au côté de ce prénom, Hermann, que Franz passa sa vie à éviter. Le dernier mois, Dora mit toute son énergie à empêcher une visite des parents au sanatorium. Elle savait, dira-t-elle, que cela eût été fatal à Franz.

Dans la lettre que Kafka écrit à son père en 1919, il décrit la terrible indifférence que celui-ci a nourrie à l'égard de l'écriture de son fils. Lorsqu'un texte arrivait, Franz se hâtait de lui en donner un tirage, et son père, sans rien dire, « le posait sur la table de chevet ». On peut imaginer que cette même indifférence pousse Hermann Kafka à accepter de signer ce document proposé par Max juste après les funérailles. Sans doute est-ce une aubaine pour ce père endeuillé de pouvoir se débarrasser de la question de la littérature.

« Tu as touché plus juste en concevant de l'aversion pour mon activité littéraire, ainsi que pour tout ce qui s'y rattachait et dont tu ne savais rien. Là, je m'étais effectivement éloigné de toi tout seul sur un bout de chemin, encore que ce fût un peu à la manière du ver qui, le derrière écrasé par un pied, s'aide du devant de son corps pour se dégager et se traîner à l'écart[4] », précise Franz dans la lettre qu'il ne lui aura jamais envoyée.

Quelle que soit la justesse, la beauté même du geste de Max Brod, lorsque je reconstitue cette journée du 11 juin, lorsque je tente de visualiser la signature de ce contrat, je grince des dents.

J'ai vu aujourd'hui, dans le jardin, un ver de terre coupé en deux (une poule l'avait sans doute déchiqueté) : une moitié semblait morte, puis vivante à nouveau ; l'autre moitié bougeait encore – mystérieusement, c'est comme si la mort multipliait l'être par deux. D'un ver mort, elle crée deux vers vivants. Et si le geste de Max, ce 11 juin 1924, ressemblait à l'écrasement d'un ver de terre ? Et si c'était à la fois une trahison impardonnable (un pied qui écrase) et une façon immensément belle et généreuse de multiplier la vie de Kafka par deux ?

J'irai chercher Kafka

Nous sommes le 11 juin 2020, les manuscrits bougent encore.

* * *

Juste avant de terminer l'écriture de ma thèse, j'ai décidé d'aller à Prague. Je voulais voir, mais je voulais aussi attendre que l'essentiel soit écrit. J'avais peur que le lieu me bouleverse, ou me révèle quelque chose qui change toute ma façon de lire l'œuvre, et remette un désordre qu'il m'avait fallu déjà cinq ans pour apprivoiser et organiser. Certes, mon étude reposait sur un corpus philosophique, mais elle était aussi une tentative de me jeter à l'eau et d'esquisser des « interprétations personnelles », comme on dit dans le jargon universitaire, avec un mélange de fascination et de mépris pour la parole à la première personne. Cette parole était fragile, et Prague, dans mon esprit, la menaçait d'effondrement.

J'y suis allée quatre jours, dans un petit appartement situé au cœur du quartier juif. Le château et le pont, envahis par les touristes, m'ont émue par le régime d'irréalité dans lequel ils nous plongent. Ils sont là, majestueux, presque trop, faits pour être admirés, et pourtant ils ont cette présence artificielle, fantasmagorique, qui vous donne le sentiment d'un mauvais collage. Leur beauté n'est pas crédible. J'ai compris ce soir-là pourquoi Kafka nous propulse, dès lors que nous l'acceptons, dans ce réel qui n'est pas dupe de lui-même, dans cette forme d'archiréalité, de réalité puissance 2, dont nous ignorons, tout au long de chaque texte, si nous pouvons la prendre comme telle (ou s'il faut se dire que c'est du faux, du chiqué, une chimère, et en rire).

Il y a deux cimetières juifs à Prague : le premier, dans le centre-ville, est ancien – il sert aujourd'hui aux touristes qui visitent les deux synagogues attenantes. Pour le même prix, le billet comprend : une visite guidée du « ghetto » et des ruines de ses murs, les deux synagogues les plus anciennes de Prague, le cimetière. On donne gracieusement aux hommes une kippa jetable pour l'ensemble du tour.

Malgré tout, la vue de ces pierres tombales penchées, enchevêtrées et envahies par les herbes hautes vous coupe le souffle. L'espace est resserré. Imaginez un petit square de centre-ville. Les arbres sont millénaires, très hauts : leur verticalité renforce pourtant le sentiment d'étroitesse. Douze mille pierres tombales ont été ici « entassées », il n'y a pas d'autre mot. Elles se touchent les unes les autres, c'est une forêt de tombes autant que de végétaux (on se met à se demander si les tombes ont imité les herbes, ou si ce sont les herbes qui imitent les tombes). Les pierres sont très anciennes ; certaines inscriptions sont effacées. La dernière inhumation a eu lieu ici en 1787, avant le décret impérial de Joseph II interdisant les enterrements dans le centre-ville. Le nombre de corps ensevelis est bien plus important que le nombre de pierres visibles : même si le cimetière a été agrandi, sa surface est restée largement insuffisante pour la communauté juive du ghetto. Le déterrement des corps inhumés étant formellement proscrit par la Loi juive, les tombes furent ainsi serrées, voire « empilées sur plusieurs couches », indique en cinq langues un panneau à l'entrée.

Cette multiplication provoque un effet immédiat : elle vous montre la force de la mort, sa force numérique. Je n'arrive pas tout de suite à me le dire, mais l'empilement des corps me rappelle sans doute les fosses dans lesquelles les cadavres étaient jetés les uns sur les autres, ramassés à la pelle, avant d'être brûlés dans les chambres à gaz. Le fait que ce cimetière est ancien et précède la Shoah n'empêche en rien cet écho anachronique. Les arbres, les herbes hautes, qui semblent lutter contre les pierres pour continuer à les envahir, montrent un combat acharné mais perdu d'avance. Je pense à Marceline Loridan-Ivens, rescapée de Birkenau, qui aimait dire que les arbres là-bas sont magnifiques et poussent très bien, car les cendres des Juifs recrachées par la terre « sont un excellent engrais ».

Je m'avance dans cet état de sidération et je cherche le nom « Kafka ». J'achève ma thèse mais j'ignore encore, à ce moment-là (ou l'ai-je oublié ?), que Kafka n'est pas enterré là. La date

Testaments trahis

de la dernière inhumation, qui précède d'un siècle sa naissance, aurait dû m'inquiéter mais je suis venue pour cela : je m'aveugle aisément. Je tâche de regarder les tombes autour desquelles le plus grand nombre de touristes s'arrête. Et je me retrouve devant celle de David Oppenheimer, « rabbin, collectionneur de manuscrits et ouvrages juifs anciens (mort en 1736) ». Je demande à une Néerlandaise si je peux lui emprunter son fascicule – j'y cherche les noms des morts célèbres, ne trouve pas Kafka, mais un astérisque qui précise : la tombe de Franz Kafka se situe au nouveau cimetière juif de Prague, accessible par le tramway C.

Je repars, désorientée, en me disant qu'il est peut-être aussi absurde de vouloir voir la tombe d'un écrivain que de collectionner des manuscrits. Une pierre, des bouts de papier, pourquoi s'attacher à la matière lorsqu'elle est vouée à disparaître ?

J'irai le dernier jour, me suis-je dit, avant de repartir pour l'aéroport.

Le dernier jour, je me suis réveillée tard, il aurait fallu me dépêcher, j'ai laissé tomber. Je n'ai jamais vu la tombe de Kafka.

*
* *

Le premier billet est le plus court. Il est écrit à l'encre noire.

> Mon très cher Max, ma dernière volonté : tout ce qui se trouve dans ce que je laisse derrière moi (donc

J'irai chercher Kafka

dans la bibliothèque, l'armoire à linge, la table de travail, chez moi et au bureau ou bien dans quelque lieu où cela aurait été transporté et tomberait sous tes yeux), tout, qu'il s'agisse de journaux intimes, de manuscrits, de lettres (écrites par moi ou par d'autres), de dessins, etc., doit être totalement brûlé sans être lu, de même tous les textes et tous les dessins que toi ou toute autre personne à qui tu devras les demander en mon nom pouvez détenir. S'il est des lettres qu'on refuse de te remettre, il faudra au moins qu'on s'engage à les brûler.

Ton Franz Kafka

Je suis frappée par la systématicité de son propos : il condamne au feu tout ce qui reste, dans tous les lieux possibles jusqu'à l'armoire à linge, prend soin de répéter « tout » entre deux virgules, décline la nature des textes concernés, et va jusqu'à censurer les destinataires de ses lettres. Il faut les brûler, qu'elles soient « écrites par moi ou par d'autres ». Il englobe aussi les dessins. Précise que ce doit être « totalement brûlé » et ce, « sans être lu ». C'est sec, précis et sans appel. Aucune trace ne doit lui survivre, aucun papier ne doit même être jeté, ce que Franz désire et demande, c'est une disparition. Je pense à un criminel qui exigerait d'un complice l'effacement des traces de son passage.

Ce billet ne s'étend pas, en revanche, sur les textes de fiction ni sur les textes déjà publiés, Kafka parle de « manuscrits ».

Testaments trahis

Mais dans le second billet, plus long, un peu moins dur, Max voit arriver les fictions, qui n'échappent pas au verdict. Ici Kafka a écrit au crayon de papier. Il signe de son prénom seulement.

Mon cher Max, peut-être ne me relèverai-je plus cette fois. Voici donc dans cette éventualité ma dernière volonté au sujet de tout ce que j'ai écrit. De tout ce que j'ai écrit, seuls les livres : *Le Verdict*, *Métamorphose*, *Colonie pénitentiaire*, *Médecin de campagne* et le récit *Un artiste de la faim* sont valables [...]. Quand je dis que ces cinq livres sont valables, cela ne signifie pas que je souhaite qu'ils soient réimprimés et transmis aux temps futurs ; s'ils pouvaient au contraire être entièrement perdus, cela correspondrait entièrement à mon désir. Simplement, puisqu'ils existent, je n'empêche personne de les avoir, si quelqu'un en a envie.

En revanche, tout le reste de ce que j'ai écrit (les textes imprimés dans des revues, les manuscrits, les lettres) dans la mesure où on peut encore mettre la main dessus ou les obtenir des destinataires [...], tout cela, sans exception, doit être détruit de préférence sans le lire [...]. Franz.

Dans cette seconde version – variation sur un testament – Kafka multiplie les parenthèses, ce qui n'est pas tellement dans ses habitudes. Ce billet me semble néanmoins plus probable que le premier, qui avait sans doute été écrit dans un état de panique. Lorsque j'écris « probable », j'entends que ce texte a pu être écrit selon moi avec l'intention d'être remis, d'une façon ou d'une autre, à son destinataire. Pourtant, là, Kafka a écrit au crayon – donnant à ses mots un corps fragile, effaçable, déjà disparu. On écrit au crayon un brouillon, une esquisse : peut-être Kafka avait-il l'intention de le *mettre au propre*, comme on dit ? Peut-être le temps lui a-t-il manqué. Il a décidé en tout cas de ne pas jeter ce papier-là, tout brouillon qu'il était, il l'a rangé dans ce tiroir avec l'autre. La feuille ne comporte pas de plis, elle n'a pas été froissée, il n'y a aucune rature, pas une trace de gomme. Lorsque je regarde, sur la reproduction disponible en ligne, ces mots écrits à la mine, couleur gris pâle, j'ai le sentiment d'avoir face à moi le corps du texte, le physique des mots, leur dessin : leur maigreur. Le crayon leur donne un air frêle et timide. Je pense au corps d'un jeune homme craintif.

Je revois dans un flash un autre passage de la Lettre au père : ce garçon qui a peur de se déshabiller devant son père dans les vestiaires de la piscine municipale, le dimanche après-midi – « car j'étais déjà écrasé par la simple existence de ton corps », écrit Franz.

« Il me souvient par exemple que nous nous déshabillions souvent ensemble dans une cabine. Moi maigre chétif étroit. Toi fort grand large. Déjà dans la cabine je me trouvais lamentable, non seulement en face de toi mais en face du monde entier », écrit-il dans cette lettre qu'il n'aura jamais envoyée, elle non plus, à son destinataire. C'est un point commun, me dis-je, avec ces deux « billets testaments », jamais envoyés, mais laissés dans un endroit où de toute évidence on pourrait les trouver.

« (je ne t'empêche pas cependant d'y jeter un coup d'œil, mais je préférerais toutefois que cela n'eût pas lieu ; si tu ne le fais pas, personne n'a le droit en tout cas d'en prendre connaissance) ». Ces mots au crayon sur un papier de brouillon sont le corps de Kafka dans une cabine de piscine municipale, un dimanche, ils ont peur de l'eau – je vois en eux une « petite carcasse aux pieds nus vacillant sur les planches ». Je vois leurs os.

*
* *

Kafka rejetait ses propres textes – c'est le moins que l'on puisse dire. Son testament en est la trace la plus éclatante. Il en est d'autres. Kafka et Brod lisaient souvent leurs textes à voix haute, lors de réunions dans ces vastes cafés de Prague, aux tables Art déco et aux lustres bas : c'était une façon pour eux de les mettre à l'épreuve, d'obtenir de premières réactions. Selon une légende en vogue dans les cercles kafkaïens (je la racontais souvent pendant mes années de thèse, pour contrer l'image d'un Kafka uniformément sombre et tragique), lorsque Kafka lut pour la première fois *La Métamorphose* en public, il ne parvint pas à aller jusqu'au bout, tant il pleurait de rire.

J'irai chercher Kafka

Alors que je cherche aujourd'hui dans le Journal d'autres traces du rapport douloureux que Franz entretenait de son vivant avec ses propres textes, je tombe sur ces lignes, qui elles n'ont rien d'un éclat de rire :

> L'amertume que je ressentis hier soir quand Max lut chez Baum mon petit récit sur l'automobile. J'étais fermé envers tous, et, contre le récit, j'avais littéralement le menton enfoncé dans la poitrine. Les phrases sans ordre de ce récit, avec des trous tels qu'on pourrait insérer les deux mains entre eux ; une phrase sonne haut, une autre bas ; une phrase se frotte à l'autre comme la langue sur une dent creuse ou fausse ; une phrase s'annonce avec un début si grossier que tout le récit est gagné par un étonnement réprobateur [...] parfois cela ressemble à un cours de danse lors du premier quart d'heure. [...] Chaque parcelle du récit erre comme un apatride et me pousse dans la direction opposée [5].

Imaginons : les corps sont engourdis, pas encore échauffés, pas vraiment ensemble, c'est laborieux, le parquet grince et les tutus ont un air un peu pathétique.

La beauté des images qui affleurent ici à sa douleur d'écrire un texte imparfait. Mais pourquoi a-t-il voulu que tout soit détruit ? Je n'en reviens pas que l'on puisse faire de la honte d'un texte un texte si fort, que l'on puisse ainsi transformer la détestation d'une histoire en une autre histoire. Lui seul en est capable.

Testaments trahis

Le vagabond, l'apatride me bouleverse – superbe image de l'impossible appartenance d'un texte à son auteur, de sa vie nomade, de sa pauvreté essentielle. Les textes sont des sans-abris, ils migrent d'un imaginaire à l'autre. Ils n'appartiennent à personne : Kafka pourtant, écrivant cela, ignorait tout de ce que ses propres manuscrits allaient vivre, ballottés d'un pays à l'autre, bousculés par la question de l'appartenance et le risque de l'appropriation.

** *
*

Alors que j'ai refermé les *Journaux* et cessé d'en envoyer des reproductions par texto (au confinement succède le déconfinement), mon père m'envoie un jour la photographie mal cadrée d'une page de Folio jaunie. C'est Philip Roth qui, dans *Professeur de désir*, décrit la tombe de Kafka – celle justement à laquelle je m'étais dérobée en visitant le mauvais cimetière.

Le tramway nous transporte du centre de Prague au quartier de banlieue où Kafka est enterré. Fermé d'un haut mur, le cimetière juif est bordé d'un côté par un autre cimetière chrétien plus grand – à travers la palissade, nous apercevons des visiteurs qui arrangent des tombes, arrachant les mauvaises herbes, agenouillés comme de patients jardiniers – et de l'autre, par une sinistre artère rectiligne sillonnée de camions dans les deux sens. La grille du cimetière juif est fermée d'une chaîne.

J'irai chercher Kafka

Lorsque finalement, le personnage arrive devant la pierre tombale, il est doublement surpris :

> Totalement insolite, marquant les restes de Kafka – et sans rien de comparable en vue – se dresse un bloc de rocher blanchâtre massif et allongé, dressant vers le ciel une sorte de gland pointu, un phallus tombal. C'est la première surprise. La seconde, c'est que ce fils qui vivait dans la hantise de la famille, est enterré à jamais entre la mère et le père qui lui ont survécu.

À la page suivante du Folio de Roth que je m'empresse de retrouver dans ma bibliothèque, ces lignes me troublent :

> Scellée dans le mur en face de la tombe de Kafka se trouve une pierre avec le nom gravé de son grand ami Brod. Là aussi, je place un petit caillou[6].

En ne mettant pas mon réveil suffisamment tôt avant de quitter Prague, je n'ai pas seulement manqué la tombe de Kafka, son « phallus tombal » – j'ai omis aussi de faire ce qu'a fait Roth, rendre hommage à Max Brod. Suis-je en train d'écrire, plutôt qu'une histoire de papiers sauvés, une histoire de cailloux manquants ? Je n'ai pas oublié la statuette africaine du bureau paternel, qui jouxtait et retenait la carte postale en noir et blanc. La dernière fois que j'y suis entrée, j'ai observé qu'elle était toujours là, vingt-six ans plus tard, mais qu'elle présentait de plus en plus de perles manquantes, à tel point que l'harmonie des couleurs qui la caractérisait s'efface. On doit maintenant la supputer. Ou l'inventer.

Un souvenir du Journal m'arrive au beau milieu de la nuit ; Kafka écrit qu'il est fait de pierre. Et cette phrase inouïe : « je suis ma propre pierre tombale ».

*
* *

Je me réveille le lendemain matin en me posant cette question apparemment dérisoire : si j'étais allée au bon cimetière juif de Prague, et si j'y avais aperçu ce monument funéraire en l'honneur de Max Brod, y aurais-je, vraiment, moi aussi, placé un petit caillou ? La question, tout bien réfléchi, n'est pas si simple : d'abord parce que personne ne m'a jamais appris qu'il était de coutume, chez les Juifs ashkénazes, de déposer un caillou sur la tombe d'un défunt (les fleurs étant périssables, elles sont proscrites, apprendrai-je plus tard). Ensuite parce que j'ignore si j'aurais éprouvé le désir, au bout du tramway C de Prague ce matin d'hiver, de *rendre hommage* à Max Brod. Mon rapport à ce personnage est indécidable, la question qui s'y loge ne trouve en moi aucune réponse, sinon changeante. Elle peut sembler aussi insignifiante qu'un

J'irai chercher Kafka

petit caillou : Max Brod, en nous léguant Kafka, l'a-t-il trahi ?

Insignifiante, elle l'est sans doute, me dis-je par instants : quoi qu'il en soit, le mal est fait, à quoi bon sans cesse revenir à ce que je me représente comme une scène inaugurale – ces deux bouts de papier trouvés le jour de l'enterrement de Franz dans un tiroir de son bureau ?

L'idée du sauvetage me semble intimement liée à celle de la trahison : on ne peut sans doute pas sauver quelqu'un, quelque chose, sans le trahir un peu, sans l'abandonner. Lu ce week-end un article retraçant le travail d'une historienne, Valérie Portheret, sur le sauvetage des enfants du camp de Vénissieux. Dans la nuit du 28 au 29 août 1942, alors qu'ils sont internés dans ce camp de transit proche de Lyon, 106 enfants juifs vont être sauvés dans des circonstances extraordinaires. Alors que Vichy et l'administration allemande s'impatientent et exigent le départ des convois vers l'Est, si possible avec un grand nombre d'enfants juifs, une association locale, l'Amitié chrétienne, réunissant plusieurs personnalités déjà engagées dans plusieurs formes de résistance, décide de s'opposer à la déportation des enfants. Puisqu'il faut trouver un subterfuge rapide (les listes sont déjà établies), ils étudient les circulaires et découvrent, parmi les onze exemptions stipulées, que les enfants non accompagnés de leurs parents ne peuvent être déportés.

Testaments trahis

Ils inventent alors ce subterfuge : chaque parent devra signer un papier attestant qu'il « renonce à la parentalité sur tel et tel enfant, et qu'il la transfère de plein droit à l'association ». Ils ne sont plus leurs enfants. Les enfants n'étant pas accompagnés de leurs parents, ils ne peuvent être déportés : ils sont vite emmenés, cachés par l'association, qui les confie à des familles d'accueil – ils sont sauvés.

Les parents, eux, périront.

Pour sauver, ils ont abandonné.

* * *

À la mi-juillet 1924, un mois après la mort de Franz, Max Brod a rassemblé la quasi-totalité de l'œuvre de Kafka. Il commence à échafauder un plan de publication, et à rencontrer des éditeurs. Le 17 juillet paraissent dans la revue *Die Weltbühne* – la scène mondiale – les tout premiers mots *post mortem* de Kafka. Max Brod a décidé de publier en premier les deux testaments trahis.

Nous découvrons la langue de Kafka en le lisant nous dire : vous n'avez pas le droit de lire ça.

Max Brod ne cache pas la part de trahison que comporte son geste, au contraire, il semble faire le pari de la crier sur tous les toits.

> Kafka n'a presque rien publié que je n'aie dû lui arracher à force de ruse et d'éloquence [...] On n'a pas trouvé de testament dans les écrits qu'il a laissés.

J'irai chercher Kafka

Dans son bureau, au milieu des papiers, on a découvert un billet écrit à l'encre et déjà plié à mon adresse.

Il le cite alors *in extenso*, avant de poursuivre : « En cherchant mieux, on découvrit aussi une feuille jaune et probablement plus ancienne dont le texte, écrit au crayon, disait » – et Brod cite le second billet, lui aussi intégralement :

> Si je me refuse, en face de dispositions si catégoriquement exprimées, à opérer le geste érostratique que mon ami demande de moi, c'est que j'ai des raisons profondes.

Max Brod les décline : il se souvient d'un échange au cours duquel Franz lui montra le billet écrit à l'encre, lui faisant part de sa volonté qu'il détruise tout de l'œuvre. Max le prévint alors : « Si tu m'en crois sérieusement capable, je te préviens que je ne le ferai pas ».

Max découvre dans les écrits post-mortem de Kafka « les plus merveilleux trésors », cela achèvera « de déterminer [s]a décision avec une netteté à laquelle [il] ne saurai[t] rien opposer ».

Max Brod se jette à corps perdu dans ce sauvetage, et affirme pour finir :

> Que d'œuvres, qu'on n'a plus trouvées, à ma cruelle déception, dans l'appartement de Kafka, ne

Testaments trahis

m'avait-il pas déjà lues, tout au moins en partie ou dans leurs grandes lignes ! Que d'inoubliables pensées, que d'idées profondes et originales ne m'avait-il pas communiquées ! Dans la mesure où ma mémoire et mes forces me le permettront, rien de cela ne sera perdu [7].

Mais à l'été 1924, Max Brod ignore encore à quel point ses forces vont être mises à l'épreuve.

II

Sauver Kafka

Prague, juillet 1924 -
Ostrava, frontière tchéco-polonaise,
15 mars 1939

Chapitre 3

Tout retrouver, tout publier

> Quand quelqu'un sauve un autre de la noyade, c'est naturellement une très grande action, mais quand après cela il lui offre en plus un abonnement à des cours de natation, quel sens cela a-t-il [1] ?

Entre le 12 juin et la fin du mois de juillet, Max Brod commence un véritable travail de détective. Son programme est symétriquement contraire à ce qu'il a trouvé dans les deux billets : tout retrouver, tout ce qui existe, manuscrits, lettres, brouillons, esquisses, romans, chercher partout et auprès de quiconque pourrait l'y aider. La systématicité qui était celle de Franz dans son testament est balayée ; mieux, elle est renversée. On dirait le négatif d'une image photographique, la même chose en miroir inversé. Il veut que tout disparaisse, je vais tout rassembler. Max Brod met son propre travail en sourdine (il est alors un poète et dramaturge bien plus connu et respecté que ne l'était Kafka). Il change d'œuvre, comme une chenille se change en papillon : dans la métamorphose, au moment de la mue, la chenille laisse la coque de sa chrysalide derrière elle, vide.

Le travail d'enquête n'est pas difficile : Max et Franz étaient si étroitement liés qu'il connaît par cœur tous ses textes, et sait où trouver ceux qui lui manqueraient (Kafka, d'ailleurs, lui a nettement indiqué le chemin). Il écume ce bureau de la maison Oppelt, dont les parents lui confient une clé. Y trouve les manuscrits du *Procès* et du *Château*, inachevés et sans titres. La famille lui confie sans broncher toutes les lettres qui sont en sa possession.

Il prend rendez-vous avec Robert Klopstock, grâce à qui il récupère les « feuillets de conversation ».

Au cœur de l'été – nous sommes au mois d'août, qui à Berlin est très chaud –, Max passe une longue soirée avec Dora. Le deuil la laisse perdue. Elle connaît bien Max déjà, ils s'aiment beaucoup. Mais lorsque Max lui demande de lui confier tout ce qu'elle a de Franz, elle est la seule à lui résister. Elle connaît les volontés de Kafka, y voit une trahison. Sa disparition est si proche encore. Nous savons qu'elle a brûlé elle-même des papiers, à la demande de Franz ou avec lui. J'imagine qu'elle s'adresse à Max en ces termes :

« J'ai envoyé les dernières épreuves de "Josefine" à l'éditeur, il voulait les voir publiées comme tu le sais à la fin du recueil. J'ai aussi le manuscrit de cette nouvelle qui raconte la survie d'un animal

Tout retrouver, tout publier

dans son terrier, mais il est inachevé. J'en ai brûlé à sa demande, et sous ses yeux, avant qu'il quitte notre appartement pour la clinique du Wienerwald. Quant à ses lettres, c'est mon histoire d'amour, je les garde. »

Max fait tout ce qu'il peut pour qu'elle lui donne, au moins, « Le Terrier » : il connaît le texte, que Kafka lui a lu en partie. Il dit à Dora ce qu'il répète à chacun : « Kafka est un génie de notre temps, pour lui être fidèle, nous devons lui donner la renommée qui lui revient. Il passait toujours par cette phase d'inhibition et de rejet de ses propres textes, mais l'œuvre dépasse les états d'âme de son auteur. Il faut que tu me fasses confiance. »

Dora lui donne le manuscrit du « Terrier ». Elle garde le reste. En plus des lettres, elle est en possession de vingt cahiers de notes et d'esquisses qu'elle n'a pas brûlés, et dont elle ne fait pas mention ce jour-là dans la discussion. Elle aussi désire sauver quelque chose.

*
* *

En revanche, tout le reste de ce que j'ai écrit (les textes imprimés dans des revues, les manuscrits, les lettres) dans la mesure où on peut encore mettre la main dessus ou les obtenir des destinataires (tu connais la plupart d'entre eux, il s'agit pour l'essentiel de ??, n'oublie surtout pas les quelques cahiers que détient ?), tout cela, sans exception, doit être détruit de préférence sans le lire.

Dans la Pléiade d'où je recopie ces lignes, l'éditeur a laissé des petites étoiles noires à l'endroit des points d'interrogation. Une note indique ceci : « Max Brod a laissé ici un blanc. Il est manifeste que le nom passé ici sous silence est celui de Milena. »

En fait, deux prénoms différents apparaissent ; les « quelques cahiers » sont détenus par Dora, mais « l'essentiel », en effet, revient à Milena Jesenská – elle est l'une des femmes que Franz a le plus aimées, et parmi elles, celle qui manifesta la plus grande attention à son œuvre. En 1921, alors que leur histoire prenait fin, Franz lui a confié une dizaine de cahiers – la première moitié de ce qui deviendra le Journal.

> Il y a environ une semaine, j'ai donné tous mes carnets à M. Suis-je un peu plus libre ? Non. Serai-je encore capable de tenir une sorte de journal ? Si je le puis, il sera en tout cas différent, il est probable qu'il se cachera et n'aura aucune existence. [...] Je ne suis plus aussi enclin à l'oubli, je suis une mémoire devenue vivante et c'est une des raisons de mon insomnie[2].

Milena et Franz ont rompu leurs échanges depuis plus de trois ans au moment où il meurt

Tout retrouver, tout publier

– j'ai toutefois la faiblesse de croire qu'elle n'a jamais tout à fait disparu de ses pensées, de ses espoirs, de ses regrets, qu'un fil ténu les a reliés jusqu'au bout. Le fait qu'elle détienne encore une grande partie des *Journaux* au moment de sa mort, et que Franz mentionne son nom dans ses testaments, ne dément pas mon scénario.

Max lui donne rendez-vous dans un café de Prague, au mois de juillet 1924.

Milena arrive avec des manuscrits, des cahiers, dans une boîte.

Elle est la seule, à ce moment-là, à avoir déjà écrit sur Kafka. Elle pense aussi, comme Max, peut-être plus encore, qu'il deviendra l'un des grands écrivains du siècle. Sa mort fera date, ses textes nous accompagneront – ils traverseront le temps. Il faut les conserver dans une boîte étanche, les sauver de la destruction, c'est là un devoir que sa mort nous impose. Milena est absolument convaincue que ces mots griffonnés, ces cahiers non lignés, sont pauvres et précieux à la fois, qu'ils sont des sans-patrie, mais aussi des sans-abris : il faut les protéger. C'est elle qui a écrit la première nécrologie de Kafka, parue dans un journal pragois le surlendemain de sa mort, cinq jours avant les funérailles :

> Le docteur Franz Kafka, écrivain de langue allemande qui vivait à Prague, est mort avant-hier au sanatorium Kierling, dans les environs de Vienne.

J'irai chercher Kafka

Ici, peu de gens le connaissaient, car c'était un solitaire, un homme qui savait et qui était épouvanté par la vie [...]. Il était timide, scrupuleux, paisible et bon, mais il écrivait des livres cruels et douloureux. Son monde grouillait de démons invisibles qui détruisent et déchirent l'homme sans défense. Sa connaissance du monde était insolite et profonde, lui qui, à lui seul, était un monde insolite et profond. Il est l'auteur des livres les plus remarquables de la jeune littérature allemande ; on y lit la lutte de la génération actuelle dans le monde, mais sans déformation. Tous ses livres décrivent les horreurs de secrets malentendus et de culpabilités involontaires entre les êtres. C'était un homme et un artiste doué d'une conscience si aiguisée qu'il entendait même là où les autres, les sourds, se sentent en sûreté [3].

C'est aussi, en cet été 1924, la seule trace de l'annonce de la mort de Kafka dans le monde des lettres. L'intelligence de Milena y affleure comme la pointe d'une flèche, précise et presque violente. On sent que la disparition vient de se produire, qu'elle referme une vie en même temps qu'elle en ouvre une autre – c'est le ver de terre à deux têtes. Milena devine ou prévoit que les manuscrits vont lui survivre, car Kafka, fort de son pouvoir exceptionnel, n'est pas tout à fait mort. Lui, il entend tout. Sa conscience est une lame aiguisée qui vous transpercera.

Milena a aimé Franz, a souffert de ses « démons invisibles » et de sa façon d'être « épouvanté par la vie ». Ses mots ne sont pas gratuits, ils portent les cicatrices d'une histoire d'amour troublante.

***

Milena et Franz se sont rencontrés quatre ans auparavant, en 1920. Kafka vit alors une période de grande stérilité d'écriture, qui le désespère. Quelques nouvelles ont déjà paru mais il ne parvient à rien écrire d'autre que son impossibilité d'écrire. Milena Jesenská, elle, vit à Vienne. Elle y a rejoint Ernst Pollack, qu'elle vient d'épouser malgré son jeune âge. Fille d'un médecin absent, orpheline de mère depuis l'enfance, elle a grandi dans un milieu tchèque bourgeois et cultivé, elle est intelligente, mais livrée à elle-même. La rencontre avec Pollack, intellectuel reconnu, rejeté par le père de Milena, fera date dans sa vie ; grâce à lui, Milena se met à traduire, et à écrire. Elle ferme les yeux sur les mœurs légères de son nouvel époux, de toute façon, elle ne vénère pas particulièrement la droiture ni la morale bourgeoises. Elle ne se sent pas dupe du mariage et de ses promesses : pour elle, il s'agit d'une issue de secours. Ernst Pollack vient souvent à Prague, et participe aux réunions de jeunes écrivains et philosophes dans les cafés. Il y emmène Milena. C'est au café Arco qu'il lui présente Franz. Elle lit une nouvelle intitulée « Le Soutier », qui deviendra le premier chapitre de

J'irai chercher Kafka

L'Amérique, et propose immédiatement à Kafka de traduire le texte en tchèque.

Leur histoire commence ainsi, et se vivra jusqu'au bout dans les interstices de la traduction.

La correspondance commence en mars 1920. Pour désigner ce qui deviendra plus tard « les Lettres à Milena », la critique ne parle pas de correspondance, mais de « trafic épistolaire ». C'est incessant, impulsif, ils s'écrivent en permanence et l'attente entre les lettres est décrite comme insupportable. La seule chose à laquelle cela ressemble, c'est à la drogue. Milena d'ailleurs, plus tard, s'effondrera dans une dépendance nocive à la morphine. 149 lettres et cartes postales, écrites par Franz, ont survécu de ce trafic.

Physiquement, ils ne se sont vus que deux fois, en 1920 et 1921. Il semble que cela se soit mal passé. Le trafic des lettres est plus facile pour Franz que celui des bouches, des corps. Et Milena a peur : elle refuse de quitter son mari pour Franz, sent qu'il n'est pas fait pour vivre avec elle, préoccupé par sa santé, ses démons, et obsédé par l'écriture. Elle craint de tout perdre. Ils décident de rompre à la fin de l'année 1921, mais continuent de s'écrire, se voient encore au moins une fois (le jour où Franz décide de lui confier ses cahiers). Ils savent depuis longtemps que leur amour demeurera comme une corde sur laquelle se tiennent des équilibristes, ténue. Elle aurait aimé le sauver, qu'il ne tombe pas.

Tout retrouver, tout publier

Prague, 31 juillet 1920
Quand quelqu'un sauve un autre de la noyade, c'est naturellement une très grande action, mais quand après cela il lui offre en plus un abonnement à des cours de natation, quel sens cela a-t-il ? Pourquoi le sauveteur joue-t-il la facilité, pourquoi ne continue-t-il pas à sauver l'autre par son être, pourquoi veut-il renvoyer la tâche à des maîtres nageurs ? Et d'ailleurs je pèse déjà 55 kilos 40. Et comment pourrais-je m'envoler, si nous nous tenons tous les deux par la main ? Et si nous nous envolons tous les deux, qu'est-ce que cela fait alors ? Et de plus – c'est la pensée de base de tout ce qui précède – je ne partirai plus jamais si loin de toi [4].

Encore la piscine, l'ombre de la cabine où il se changeait enfant face à son père qui l'écrasait. Ses 55 kilos 40 nous rappellent que la carcasse aux pieds nus n'a pas disparu. Sa haine des maîtres nageurs non plus. Face au risque de noyade, toutefois, écrire à Milena lui a maintenu un temps la tête hors de l'eau.

*
* *

Milena est l'un des personnages les plus fascinants de ce décor qui se constitue sous mes yeux, de cette scène bizarre de la vie de Kafka après sa mort – elle est comme un projecteur qui éclaire l'espace d'une lumière puissante, créant un jeu d'ombres effrayant, dont on ne saisit pas la provenance : elle est à la fois aveuglante et invisible, cachée derrière un coin de rideau.

Je l'ai découverte à travers les lettres de Franz, lues pendant mes années de thèse, avec l'ardeur romantique d'un roman à l'eau de rose. Mais jamais les réponses de Milena n'ont été retrouvées : lire cette correspondance c'est toujours lire les lettres à Milena, n'entendre que Franz, être obligé de deviner les réponses de Milena – inventer sa voix dans l'écho. L'une des lettres qui m'ont marquée est parmi les dernières. Ce n'est pas une lettre de rupture (la rupture entre eux est alors consommée depuis plusieurs mois). Kafka, à nouveau, lui dit vous. Et pour nommer sa tristesse de ne plus correspondre avec elle, il se met à faire ce qu'il ne fait jamais : une théorie. Une théorie des lettres et de leur essentielle fausseté. Les lettres sont toujours tromperies, elles nous font croire à une présence de l'autre mais nous l'éloignent dans le même mouvement – toi à qui j'écris, tu n'es pas là. Surgit ici l'image qui ne me quittera plus, celle du fantôme-vampire. Cet imaginaire de film d'horreur, c'est ce que Kafka doit à Dracula :

> La facilité de l'écriture des lettres – d'un point de vue simplement théorique – doit avoir causé une effroyable désagrégation des âmes dans le monde. C'est une fréquentation des fantômes, et pas seulement du fantôme du destinataire mais aussi de son

propre fantôme, qui se développe sous la main dans la lettre qu'on écrit. [...] Écrire des lettres, c'est se dénuder devant des fantômes, ce qu'ils attendent avidement. Les baisers écrits ne parviennent pas jusqu'à destination, mais les fantômes les boivent sur le chemin jusqu'à la dernière goutte. [...] Les fantômes ne mourront pas de faim, mais nous serons anéantis. [...] Cette histoire de lettres m'a donné l'occasion d'écrire une lettre, et puisque j'écrivais, comment aurais-je pu alors ne pas vous écrire, Madame Milena, à vous qui êtes celle à qui j'aime peut-être le plus écrire [5].

*
* *

Au printemps 2017, deux ans après avoir soutenu ma thèse, je suis retombée sur cette lettre, et je l'ai lue autrement. Je n'avais pas perçu la violence qu'elle renfermait – aveuglée, sans doute, par mon envie de voir l'histoire d'amour d'abord. Je n'avais pas vu que les fantômes qui écrivent (qui nous écrivent, et qui en nous écrivent) sont avides, attendent tapis nos baisers pour les dévorer, les avaler, ils boivent le sang des lèvres qui les donnent jusqu'à la dernière goutte. Ce que dit Franz, c'est que Milena (écrire à Milena) l'a vampirisé. Mais cette image de la femme dévoreuse me gêne, qu'en aurait pensé Milena ? L'aurait-elle perçue ? Qu'aurait-elle répondu ?

Aucune lettre d'elle, son fantôme anéanti.

J'irai chercher Kafka

Révoltée par l'idée que Milena ne reste qu'un spectre, je suis allée dans une librairie, et j'ai acheté le seul recueil de ses textes alors disponible en français, intitulé *Vivre*. Il réunit des articles qu'elle a fait paraître à Prague et à Vienne au cours de sa carrière de journaliste. Milena a écrit de nombreux articles, d'abord dans une presse que l'on qualifierait aujourd'hui de « féminine », puis, devenant à la fois plus engagée politiquement et plus féministe, elle s'est mise à écrire dans des journaux politiques, puis dans des revues clandestines, de résistance.

Au moment où je découvre, émerveillée, l'ensemble de ces articles, le dernier tome de *Vernon Subutex* de Virginie Despentes vient de sortir en librairie et occupe les têtes de gondoles. Alors j'ai lu Milena J. le jour, Virginie D. le soir, pendant plusieurs semaines. Dans les recoins d'un imaginaire un peu perdu entre Dracula et Subutex, j'ai rêvé d'un documentaire radiophonique qui serait le lieu d'une rencontre.

Tremblante, j'ai proposé à Virginie Despentes de prendre la voix de Milena, de lire ses textes à la radio. Je lui ai parlé de la révolte, de l'acerbe, et de la beauté de la langue, des croisements qui s'étaient faits, souterrains, nocturnes, au cours de cet automne froid où je lisais en parallèle Vernon et Milena. À mon grand étonnement, elle a accepté.

Je me souviendrai longtemps de la voix grave de Despentes dans le studio, elle avait tellement

Tout retrouver, tout publier

préparé qu'elle connaissait certains passages par cœur, elle avait demandé un casque avec un retour très fort, j'avais le retour au casque, moi aussi, et j'ai fermé les yeux quand elle a lu :

> Dites-moi, cela ne vous est-il jamais arrivé ? Vous êtes couchée dans la nuit, vous regardez le plafond dans le noir, paralysée de terreur et de douleur et soudain, quelque part à l'étage, un enfant pleure et pleure à votre place ? Ne vous est-il jamais arrivé qu'au théâtre des hommes meurent, se battent et chantent à votre place ? Ne vous est-il jamais arrivé de voir à l'horizon un oiseau qui vole à votre place, les ailes déployées, tranquille, heureux, disparaissant au loin pour ne jamais revenir ? N'avez-vous jamais trouvé une route dont les pavés sont capables de supporter précisément autant de pas qu'il vous en faut pour vous libérer de la douleur ?
> Et comme dans cette fraction de seconde qui précède l'anesthésie, cette fraction de seconde qui englobe tout l'espace, tout le soleil, tout le ciel, le monde tout entier, avant de sombrer consciemment dans des sanglots de lassitude, un éclair de conscience me traversa : qu'il est doux, qu'il est doux, qu'il est doux de vivre[6] !

*
* *

Ce soir de juillet 1924 à Prague, Max montre à Milena le billet qui mentionne les cahiers : « N'oublie surtout pas les quelques cahiers que détient M., tout cela, sans exception, doit être détruit de préférence sans le lire. »

Elle remet à Max tous les manuscrits de Franz qui sont en sa possession. Elle approuve l'idée de la publication, croit au génie de Franz et à la capacité qu'a Max de nous en donner la mesure.

Milena quitte le café, marche dans les ruelles de Prague au côté de Max. Ils se séparent tard dans la nuit, il la remercie pour la boîte. La plus grande partie du Journal est désormais la propriété de Max Brod.

En revanche, Milena conserve hors de la boîte la lettre des maîtres nageurs, celle des fantômes, ainsi que les 147 autres. Nous ne savons pas si Max les lui a demandées ce jour-là. En tout cas, elle a voulu les garder pour elle encore un peu [7].

La guerre arrive. La destruction menace, de tous côtés.

Chapitre 4

Par le feu

> Il n'est pas impossible que dans quelque temps, la synagogue soit transformée en une grange ou autre chose du même genre, et que l'animal connaisse enfin le repos qui lui manque si douloureusement [1].

C'est par le feu que Kafka demande de détruire ses textes. Il emploie ce mot dans les billets adressés à Max Brod. Il formule cette demande à Dora, qui raconte l'avoir vu, lui, brûler des cahiers sous ses yeux. Nous en avons du reste une preuve écrite dans le Journal, où Kafka note, le 11 mars 1912 : « Brûlé aujourd'hui beaucoup de vieux papiers répugnants ».

C'est du feu, donc, destruction totale pour des bouts de papier, que Max sauvera une première fois les textes, non pas en les retirant des flammes mais en ne les y jetant pas.

Alors que les années 1930 approchent, Max poursuit le chantier de la publication. Il fait suivre celle du *Procès* par celle du *Château*, en 1926. Les deux romans sont dits inachevés. Kafka a laissé des feuillets, Max y met de l'ordre. Contrairement à ce que l'on pourrait imaginer, il travaille assez librement : il établit les textes sans faire preuve d'aucune religiosité à l'égard du manuscrit. Max veut faire de Franz une œuvre « vivante », et s'octroie pour cela tous les droits. Il coupe, ordonne, retire, donne des titres aux chapitres qui n'en ont pas.

Il laisse toutefois les romans dans leur inachèvement, sans fin.

Après le défi du rassemblement des textes, Max Brod se retrouve face à une réalité qui lui résiste beaucoup plus que ce qu'il imaginait, celle des maisons d'édition. En 1925, au moment où il fait paraître les premiers romans de Kafka, il est au sommet de sa gloire à lui, sa gloire d'« homme de lettres ». Ses romans ont du succès. Ses critiques littéraires paraissent à un rythme effréné dans les revues les plus en vue de Prague, de Vienne, et même de Berlin. Cela lui donne une aura, un pouvoir, il a de l'influence. Max Brod est quelqu'un que l'on écoute.

L'éditeur du *Château*, Kurt Wolff, se plaint auprès de Brod : sur les 1 500 exemplaires imprimés, très peu se sont vendus. Il ne va pas poursuivre indéfiniment à perte l'édition de cet écrivain mort et inconnu. Brod lui oppose la postérité d'une œuvre qui sera sans nul doute séculaire. Il lui arrache, à un cheveu du refus, la publication du dernier des trois romans, *Le Disparu*, le « roman

Par le feu

américain de Kafka ». Max comprend que ce sera le dernier volume de Kafka à paraître chez lui. Il veut absolument poursuivre en s'attachant dorénavant à la publication des récits et nouvelles, lettres et journaux. Il faut frapper à d'autres portes. Un éditeur allemand se montre intéressé, puis se retire sans mot dire. Nous sommes maintenant en 1933. Hitler accède au pouvoir en Allemagne.

* * *

À peine installé, Hitler lance une campagne « contre l'esprit non allemand ». Des étudiants sont mobilisés dans toute l'Allemagne, ils mettent au point un programme contenant douze « propositions ». Imprimées en lettres gothiques rouges, elles sont placardées devant toutes les universités du pays. On y trouve par exemple ceci : « Notre ennemi principal est le Juif et celui qui l'écoute. Le Juif ne peut penser que comme Juif. S'il écrit en allemand, il ment. »

Une liste noire des écrivains est parallèlement mise en place. Y figure le nom de Max Brod. Tout cela débouche sur une cérémonie savamment orchestrée, au mois de mai 1933, où des livres sont jetés au feu. Un ordre est envoyé à toutes les universités pour le déroulement de la cérémonie.

Comme base du déroulement symbolique de la mise au bûcher on utilisera la sélection fournie ci-dessous et le représentant des étudiants restera aussi proche que possible de sa formulation en composant son allocution. Étant donné que pour des raisons pratiques il ne sera pas toujours possible de brûler tous les livres, il conviendra de se limiter aux ouvrages donnés dans la sélection pour choisir ceux qui seront nommément jetés dans les flammes. Cela n'empêchera pas qu'un grand nombre d'ouvrages finisse sur le bûcher. Chaque organisateur a toute liberté de faire là-dessus comme bon lui semble [2].

Mais le 10 mai 1933, Kafka n'est pas assez célèbre pour figurer sur cette liste noire. Ses livres ne sont pas brûlés ce jour-là.

Max Brod continue de chercher un éditeur pour achever la publication des œuvres complètes, et apprend qu'un magnat des grands magasins, Salman Schocken, qu'il a rencontré dans les cercles sionistes de Berlin, veut ouvrir une maison d'édition. En 1934, ils font affaire : Brod lui confie les droits mondiaux de l'œuvre de Kafka en allemand. La mère de Franz, devenue veuve, signe aussi. Kafka n'étant pas « interdit » par les nazis, Schocken peut distribuer ses textes légalement, qui gagnent quelques lecteurs. Klaus Mann publie dans une revue d'exil, *Die Sammlung*, un compte rendu dithyrambique : « les œuvres rassemblées de Kafka que nous offrent les éditions Schocken Verlag de Berlin sont la publication la plus importante et la plus significative qui vienne d'Allemagne ».

Par le feu

Cet article va bousculer le cours des choses.

Le 22 juillet 1935, la Chambre de la littérature du Reich envoie un rapport à la Gestapo : elle leur signale, probablement suite à cette recension de Klaus Mann, qu'un éditeur juif de Berlin distribue les œuvres de Kafka éditées par Brod, alors que les deux auteurs figurent désormais sur liste noire. Le rapport demande une mise au ban. La maison Schocken réagit en transférant au début de 1936 les droits de publier Kafka à un éditeur de Prague, ville non encore concernée par les interdictions allemandes. C'est donc à Prague que furent imprimés les tomes V et VI des *Œuvres complètes*[3].

Le 15 mars 1939, les troupes allemandes envahissent Prague. Milena Jesenská publie le lendemain un article bouleversant, intitulé « Prague 15 mars 1939 », qui commence par cette question : Comment surviennent les grands événements ?

> Cette aube trouble au-dessus des toits, la lune pâlie sous les nuages, une tasse de café chaud et les annonces de la radio à intervalles réguliers. C'est ainsi que les événements viennent à nous : à pas feutrés, sans crier gare.

Salman Schocken, lui, demande le jour même le transfert de tout son entrepôt de livres de Prague vers la Palestine. Les Britanniques refusent. Il ignore alors que l'ensemble de ses livres sera bientôt détruit par la Gestapo, qui ordonne la liquidation de sa maison d'édition. Au printemps 1939 les exemplaires imprimés de Kafka brûlent dans cet entrepôt de Prague, sans autre cérémonie que le secret noir des uniformes SS.

**

Dans les textes de Kafka publiés en 1937 à Prague, les tomes V et VI des *Œuvres complètes*, figure une nouvelle étonnante, intitulée « Dans notre synagogue ». Kafka l'a écrite à l'intérieur du cahier du *Virtuose de la faim*, sans doute au cours de l'été 1922. C'est un texte fragmentaire, et nombreux sont les commentateurs qui le qualifient d'« inachevé ». Encore une histoire d'animal. Mais cette fois nous ne savons pas de quel animal il s'agit, seulement qu'il vit dans « notre synagogue » – ce qui laisse penser que le narrateur appartient à cette communauté – et qu'il a « approximativement la taille d'une martre ». Sa couleur nous surprend, elle n'a rien à voir avec celle d'une martre, c'est « un vert-bleu lumineux ». D'ailleurs, si l'on voulait vraiment qualifier cette couleur de façon réaliste, on serait bien embêté : « on pourrait presque affirmer que la couleur véritable de ce pelage est inconnue ». Il est sédentaire, et a élu domicile au bord d'une grille, la « grille de la tribune des femmes ». Il en est régulièrement chassé, car les femmes le craignent. Les hommes, eux, se sont habitués à sa présence, en ont fait « l'animal domestique de la synagogue » (et le narrateur

Par le feu

prend soin de nous questionner, un peu provocant : « pourquoi la synagogue ne pourrait-elle avoir un animal domestique bien spécifique, qui n'existe nulle part ailleurs ? »).

On dit souvent de Kafka deux choses qui me gênent l'une et l'autre, car elles me semblent contradictoires : d'une part, qu'il a prédit le nazisme, les totalitarismes, et même l'extermination des Juifs (n'oublions pas que de son vivant il a assisté à une montée extrême de l'antisémitisme en Europe centrale). D'autre part, qu'il a été un témoin désintéressé de cette montée des périls, qu'il fait très peu mention des événements antisémites dans ses écrits, qu'il se montre même ambivalent à cet égard ; en somme, qu'il fut un Juif honteux. On cite parfois une lettre très violente, dans laquelle il imagine mettre « les Juifs » (lui y compris) dans un tiroir. C'est une lettre à Milena écrite le 13 juin 1920, dans laquelle Franz répond à ce que l'on peut supposer être un éloge des Juifs des cercles littéraires pragois de la part de Milena :

> Je pourrais plutôt te reprocher d'avoir, de tous les Juifs que tu connais (moi y compris) – il y en a d'autres – une opinion bien trop bonne, eux que parfois je voudrais par exemple bourrer tous, en tant que Juifs (moi compris) dans le tiroir de l'armoire à linge, puis attendre, puis ouvrir un peu le tiroir pour voir s'ils sont déjà tous asphyxiés, et sinon repousser le tiroir et continuer comme ça jusqu'à la fin [4].

J'irai chercher Kafka

Malgré tous les éléments de contexte que l'on peut apporter, malgré l'analyse que l'on peut tirer du côté de la haine de soi (puisqu'il précise à deux reprises qu'il se comprend dans le lot), l'image est sidérante, terrible. Son rapport au judaïsme est d'une complexité infinie. Si ce texte de la synagogue est surprenant, c'est parce qu'il est l'un des rares à nommer, sans ambiguïté, un lieu juif. Cet animal qui, lui, demeure innommable, à la fois irréel par sa couleur, aimé et redouté, n'est-il pas une forme fragmentaire, douloureuse, d'autobiographie ?

L'animal est de plus en plus bizarre à mesure que le texte progresse : ses yeux sont toujours ouverts, mais ils sont « peut-être dépourvus de paupières ». Je vois dans ce « peut-être », logé au cœur de la contradiction toute kafkaïenne d'un regard sans paupières, la possibilité de l'autobiographie. Vers quoi l'animal dirige-t-il ce regard ? Vers les dangers dont il se sent menacé. De quoi pourrait-il bien avoir peur, lui qui loge dans un lieu de prières ? « Est-ce le souvenir d'époques depuis longtemps révolues, ou le pressentiment de temps à venir ? » s'interroge le narrateur.

Entre 1933 et 1939, on ne brûla pas que des livres. Dans la nuit du 9 novembre 1938, nommée plus tard « la nuit de cristal » (les nazis usant d'une référence poétisante dont ils sont coutumiers pour faire référence aux milliers d'éclats de verre consécutifs aux destructions), 267 synagogues furent brûlées en Allemagne, ainsi que de nombreuses

Par le feu

maisons communautaires et des milliers de lieux privés (maisons, appartements et commerces). À ces destructions matérielles se sont ajoutés l'assassinat de 91 Juifs, l'arrestation et la déportation de 30 000 hommes à Dachau et Buchenwald. Dans les semaines qui suivent, la communauté juive est secouée par une vague de suicides sans précédent (680 dans la seule ville de Vienne), et la vague d'émigration vers l'Europe occidentale et la Palestine s'accélère [5].

Le texte de Kafka précise que la synagogue se trouve « dans une petite ville montagnarde ». Il s'achève sur ces lignes :

> Il y a de nombreuses années, on aurait, à ce qu'on raconte, véritablement tenté de chasser l'animal. [...] On alla recueillir l'avis de différents rabbins célèbres, les opinions étaient partagées, la majorité était favorable à l'expulsion de l'animal et à une nouvelle consécration de la maison de Dieu, mais cela était facile à décréter quand on n'était pas sur place, en réalité il était proprement impossible d'expulser l'animal [6].

Je n'arrive pas à comprendre pourquoi ce texte est qualifié d'inachevé par Max Brod et les éditeurs. Au contraire, sa fin me fait froid dans le dos, comme seule une fin peut le faire.

*
* *

J'irai chercher Kafka

L'incendie est un lien entre les textes et les synagogues : livres et édifices furent brûlés quasi simultanément par les nazis, avec la volonté d'une destruction totale autant que théâtrale. Le feu détruit quoi qu'il arrive, il a cette puissance de l'impossible retour en arrière. On ne peut pas expulser un incendie, sa vocation est de se propager, et de ravager.

Kafka n'a pas demandé à Max de jeter ses manuscrits, ni même de les garder sans les publier, ni même de les détruire, il a voulu les *brûler*. Dans ce désir se loge une violence qui ne me laisse pas tranquille. Je me réfugie dans la tentative de comprendre mieux le lien entre les objets brûlés : qu'est-ce qui relie vraiment les textes et les synagogues ? Quel danger représentent-ils ?

J'ai compris quelque chose de ce lien un jour, ou plutôt un soir tard, lors d'un moment où Kafka était pourtant resté sur mon étagère.

Jusqu'à ce soir-là, lorsque je pensais à un « lieu de prières », je voyais d'abord une église – un lieu ennuyeux, tout sauf un endroit où pourrait surgir un animal mystérieux à la couleur fantastique. J'entendais un orgue qui sonne faux, la voix de ma grand-mère maternelle, en Auvergne, dire « on répète : bonsoir mon petit jésus je vous donne mon petit cœur ». Croire à ça, venir là, s'adresser à quelqu'un qui de toute évidence n'existe pas, mais pour quoi faire ?

Par le feu

Je ressentais une forme de gentil mépris, et je revoyais simplement, certains jours, les vitraux de Clermont-Ferrand, trouvés beaux, repensais aux dimanches où ma grand-mère me traînait à la messe, à ce désir ardent de faire comme tout le monde et de manger l'hostie. Ce sont des souvenirs qu'on ne raconte pas, plus tard, lorsque l'on grandit et devient condescendant.

Du côté de mes grands-parents paternels aussi, il y avait une religion, un lieu de prières – mais là, personne n'en parlait jamais. D'un côté, une cathédrale imposante mais honteuse, de l'autre, une synagogue silencieuse et fascinante, celle où officiait mon arrière-grand-père Isaac et qu'il maintint ouverte pendant l'Occupation. La cathédrale je n'en avais jamais parlé. La synagogue, j'en ai fait un livre, qui a pour titre le prénom de cet arrière-grand-père, Isaac. Il y avait « dans notre synagogue » quelque chose qui me troublait depuis l'enfance, qui était douloureux parfois, parfois seulement léger, comme un petit bourdonnement : est-ce que je suis juive, et qu'est-ce que ça me fait ?

Comme mon livre raconte l'histoire d'un rabbin, il a plu à un rabbin, le rabbin de Paris, Olivier Kaufman, qui officie place des Vosges. Cette synagogue de la place des Vosges n'est pas une synagogue comme les autres. Elle a été fondée par Charles Liché, un rabbin déporté, survivant, à son retour des camps. Il s'agissait de donner un lieu aux Juifs revenus, à ceux restés, aux familles décimées, aux orphelins. Pas forcément un lieu de culte, mais un lieu où se retrouver. Cette synagogue est devenue un Mémorial. À la mort du fondateur, il a fallu trouver un successeur, quelqu'un que la communauté serait à même d'accepter en dépit du fait qu'il n'était pas, lui, un survivant. On confia la tâche au rabbin Kaufman, très jeune, mais petit-fils de rabbin. C'est lui qui décida de m'inviter à parler de mon livre, de mon histoire, lors d'une soirée littéraire organisée par la communauté en marge des moments de liturgie.

À la fin, le rabbin nous proposa, à l'amie qui m'accompagnait et moi, de nous montrer la synagogue proprement dite (située dans le même immeuble mais pas au même étage que la salle communautaire où nous avions passé la soirée). Il était tard, il faisait nuit noire, le rabbin alluma une à une toutes les lumières, pour nous. Je découvris ce lieu très étrange, hybride, entre l'autel et le cimetière. Il faut imaginer qu'il y a les noms des Juifs persécutés et morts absolument partout. Sur les murs, sur les fenêtres, sur le bois des bancs. Partout. Il règne une atmosphère des années 1950 : les meubles n'ont pas changé, tout est assez sombre – on ne voit pas grand-chose et c'est pseudo-moderne. Le rabbin me montra, au fond, une immense armoire en m'expliquant que là se trouvaient les rouleaux de la Torah qui y furent déposés en 1944. Après quelques minutes de silence, il me

Par le feu

posa une question que je ne compris pas tout de suite :

« Est-ce que votre arrière-grand-père est cité lors de la prière du souvenir des morts, dans sa synagogue ? »

Je demandai des précisions, il m'expliqua : « Dans chaque communauté, à la veille de Kippour, on fait une prière pour les morts, un kaddish pour leur souvenir. On cite les noms, à la demande de la famille encore en vie qui réclame qu'ils soient prononcés à ce moment-là, comme en hommage. Dans cette synagogue-ci, c'est particulier, je cite les noms des morts chaque semaine. Dans la synagogue de votre arrière-grand-père, savez-vous s'il a déjà reçu ce kaddish ? »

Je lui répondis : « Si c'est sur demande de la famille, étant donné que personne après lui dans ma famille ne s'est jamais rendu dans une synagogue, je pense que non. »

– Quel était le nom de son père ? me demanda alors le rabbin.

– Marcus, répondis-je.

Le rabbin prit son châle de prière, et dans un mouvement gracieux et impressionnant, s'en couvrit la tête et le buste. Il me tourna le dos.

Et se mit à dire le kaddish pour Isaac, fils de Marcus, dans la synagogue déserte.

J'étais si troublée par ce que je voyais, par sa voix que j'entendais transpercer mes oreilles et traverser le temps, que je me suis mise à trembler fortement. Moi qui n'ai pour la foi qu'un mépris de principe, je ne pensais pas qu'une prière pût m'émouvoir autant.

Cela tenait-il au lieu ? À ce qui se jouait pour moi ici, de réparation et de renouement ? À la beauté d'une langue, l'hébreu biblique, que je ne comprenais pas ? À ce don que le rabbin me faisait et que je prenais en pleine figure ?

Le lendemain, je retrouvai mon père pour déjeuner et lui racontai longuement la scène.

— Il a dit le kaddish pour Isaac, à minuit, dans la synagogue déserte donnant sur la place des Vosges, tu n'imagines pas comme c'était beau.

Réponse de mon père :

— À minuit ? Mais tu avais eu le temps de dîner avant, ou tu as dîné si tard ?

Depuis, je me dis que je ne peux pas mieux raconter ce qui se *passe* d'une génération à l'autre : ce qui se produit et ce qui se donne, ou se refile, dans un kaddish prononcé en secret ; dans une inquiétude de père prononcée en maladresse.

« Est-il possible que ce vieil animal en sache plus que les trois générations qui sont à chaque fois réunies dans la synagogue ? » interroge le narrateur kafkaïen. Ce soir-là je me suis couchée en ayant le sentiment que j'avais *vu l'animal*. Que je l'avais vu et que j'avais été la seule à le voir, à voir briller ses yeux sans paupières et son pelage bleu-vert, à le voir s'accrocher à une grille, ou derrière une armoire. Les synagogues ont ceci de différent des

Par le feu

églises qu'elles abritent le texte – une armoire, toujours, abrite les rouleaux de la Torah. Le rabbin me l'avait ouverte, j'avais ainsi accédé au savoir bizarre de l'animal. Comme dans le texte de Kafka, cela tenait au lieu, une histoire d'inquiétude et de générations, mais cela n'avait rien à voir avec la religion. Il s'agissait plutôt d'une impossible expulsion, comme celle sur laquelle s'achève le texte de Kafka – j'avais renoué avec ce qui aurait dû être détruit, les rouleaux étaient là, et ce kaddish devant l'armoire me réparait.

*
* *

Le rabbin m'avait littéralement ouvert les portes, mais dans ce geste de dévoilement il restait une trace cachée. Lorsqu'on montre quelque chose à quelqu'un, on lui montre aussi ce qu'on lui dérobe. On lève un pan du voile, mais le voile ne disparaît pas, on continue de cacher, c'est l'ambivalence des lunettes noires – elles cachent et montrent que l'on cache, dans le même mouvement. En me montrant les rouleaux de la Torah, le rabbin me montrait la cachette, sans me montrer l'objet caché. Sans se montrer non plus : il m'a tourné le dos pour prononcer ce kaddish. Un morceau de mystère résistait, la scène que j'avais vécue m'habitait sans transparence, voilée. Il me manquait quelque chose.

J'irai chercher Kafka

Dans les jours qui ont suivi, je me suis mise à me demander à quoi ressemblent des rouleaux de Torah. Je n'en ai jamais vu. De quelle matière se composent-ils, à quoi ressemble leur encre, leur graphie, y a-t-il des couleurs ? Comment les enroule-t-on ?

J'apprends que ces rouleaux sont des passages de la Torah retranscrits sur une peau d'animal, qui doit être *casher*. Le texte aussi doit être *casher*, c'est-à-dire vérifié, m'explique une amie à qui j'adresse ces questions de juive débutante.

– Comment ça, on vérifie la Torah ? Mais quelle erreur pourrait-il y avoir ?

– Deux fois tous les sept ans, un rabbin ou un sage doit vérifier la calligraphie, l'état du parchemin et la validité de la copie, m'explique-t-elle. C'est pareil pour les *mezouzot*, les petits tubes que l'on place à l'entrée des maisons pour les protéger.

Un télescopage très étrange se produit en moi : c'est exactement le besoin que je ressens, à ce moment-là, à l'égard des manuscrits de Kafka – je dois les vérifier. Je dois les retrouver. Je dois pour cela retracer leur trajet. Toucher la peau qui les a enroulés, mesurer les écarts. En somme, je dois les rencontrer, prouver qu'ils existent, faire l'expérience physique et sensorielle de leur survivance, après tous ces incendies.

Aujourd'hui, pour voir les manuscrits originaux de Franz Kafka, il faut se rendre à la Bibliothèque nationale d'Israël, qui les a tous rassemblés à l'issue

Par le feu

d'une saga judiciaire qui a duré de très nombreuses années. Depuis le verdict rendu en 2016, et confirmé définitivement en 2018, les manuscrits y ont été « rapatriés » en provenance de l'Allemagne, de la Suisse, et de plusieurs endroits à Tel-Aviv.

Il faut que je fasse le voyage.

Seulement nous sommes en novembre 2020 et l'épidémie, arrivée maintenant à sa « seconde vague », nous impose en cet automne un nouveau confinement. Moins strict, sans aucun doute moins sidérant que le premier, il prend néanmoins pour moi une couleur très kafkaïenne : les frontières se referment. Le voyage que je projetais de faire pour raconter la suite de l'histoire devient impossible, je suis devant la porte entrouverte mais n'ai accès à rien de tangible. Alors j'attends. Dans cette attente contrariée, je trouve cette phrase de Kafka, écrite dans une lettre à Max Brod en mars 1918 :

J'aurai, sinon émigré en Palestine, du moins voyagé jusque-là en passant le doigt sur la carte.

Je revois son sourire moqueur, à la fois tendre et cruel, le portrait de la carte postale se remet à me fixer, et cent ans après, Kafka me demande : alors, que vas-tu pouvoir écrire ?

Chapitre 5

Le départ

Le soir du 14 mars 1939, alors que les troupes nazies sont aux portes de Prague, Max Brod quitte son domicile dans la précipitation. Il se rend avec son épouse Elsa à la gare, ils montent clandestinement dans un train qui les emmène vers la frontière polonaise. Leur destination est lointaine : ils ont en poche leurs visas d'émigration pour la Palestine. Il n'a pris qu'une valise. Dans cette valise il n'a mis que deux choses : un peu d'argent, et l'ensemble des manuscrits de Kafka dans des enveloppes cartonnées. Il y a des pages des *Journaux*, des récits de voyage, des croquis, des lettres, des cahiers noirs, griffonnés de la main de Kafka (ses cahiers d'apprentissage de l'hébreu, entre autres). Sauvés, une fois encore – *in extremis*.

Ses manuscrits à lui, Max Brod les abandonne à Prague. Il les range dans une malle dont il organisera s'il le peut l'acheminement plus tard. Le 15 mars, à quatre heures du matin, Max ne voit pas l'aube blanche comme Milena de sa fenêtre à

J'irai chercher Kafka

Prague, mais du wagon d'un train qui traverse des territoires déserts. Ce sera le dernier train autorisé à franchir la frontière tchéco-polonaise, avant sa fermeture par les nazis. Le 17 mars, Max et Elsa arrivent au port roumain de Constanța, sur la mer Noire, et embarquent à bord du *Bessarabia*[1].

Les bouts de papier en vrac dans cette valise en cuir traversent la mer Noire, rejoignent la Méditerranée en longeant la Grèce et la Crète, font escale à Alexandrie et arrivent à Tel-Aviv.

Je retrace leur trajectoire, le doigt sur la carte. Ça dessine d'abord une ligne droite (parcourue par ce dernier train de Prague vers la côte est de la Roumanie), puis ça fait une ligne courbe, un coude sur la mer Noire, et ça devient un mince filet sur la Méditerranée, entre la Turquie et la Grèce c'est comme s'il fallait se pencher pour passer, se faire petit. Après la Crète s'ouvre une traversée avec un horizon digne de ce nom, on descend vers Alexandrie pour remonter : Tel-Aviv se dessine, ou plutôt le port de Jaffa.

Sa découverte de la Terre promise aura lieu, comme le reste, de façon posthume. Kafka navigue après sa mort.

Les manuscrits commencent leur série, bientôt innombrable, d'allers-retours entre les deux bouts de l'histoire. Imaginez une carte, comme dans les documentaires sur la guerre et l'exil à la télévision, on figure les trajets par des lignes de pointillés : la voici, notre ligne courbe, imaginons le dessin d'une

Le départ

valise. La valise traverse les mers. La valise prend les formes des véhicules qui la transportent, elle devient un quai de gare, elle devient un train, un bateau, un pont, un port. Elle est légère, puisqu'elle ne contient que des papiers.

Elle est fragile et rapiécée, si elle pouvait parler pourtant, combien de drames nous raconterait-elle ? De quoi témoignerait-elle ? En quelle langue ?

* * *

Une nuit, je me réveille en sueur, je viens de rêver que je partais vers la gare du Nord sans valise, j'avais tout oublié et cela me semblait dramatique.

Je me rendors en ressentant un désir étrange, singulier, inédit : j'ai envie d'être cette valise de Max Brod, non pas de la faire parler ou de me cacher dedans, mais de me transformer en valise moi-même, de vivre ce qu'elle a vécu depuis sa perception de valise.

Au milieu de la nuit, je me dis une fois encore : il faut que je fasse ce voyage.

Le lendemain matin, je prends la décision. Je vais me rendre à Jérusalem le mois prochain, je partirai quelques jours seulement mais je ne peux plus attendre. Depuis les différents confinements, j'attends. Les frontières viennent de rouvrir, autant profiter de cette fenêtre. Je me mets à tout organiser. J'écris au responsable des archives de langue

J'irai chercher Kafka

allemande de la Bibliothèque nationale, et je prends l'un des rendez-vous les plus importants de ma vie, mon rendez-vous avec les manuscrits.

> Dear Léa,
> It would be best if you could register at our website even before you come.
> I have cc'd my colleague, who is head of the special items reading room. He can certainly assist you concerning any technical matter in ordering and receiving materials. I think you will need to sit in our temperature-controlled room (please bring a sweater) for consulting the Kafka items.
> Please send me another note when you are in Jerusalem, just to remind me.
> Best wishes and have a safe trip.

Je fais ma valise, en y glissant un pull-over et mes Pléiades de Kafka, chaque geste compte, aucun n'est anodin, je suis cette valise et demain je vais faire ma traversée.

III

Le gouffre

1939-1944, Europe, Palestine

Premier jour, Paris-Tel-Aviv

Dans le faisceau des vivants

— C'est la première fois que vous allez en Israël ?
— Non, la deuxième.
— Vous avez de la famille à aller voir là-bas ?
— Non, j'y vais pour des recherches, je dois aller à la bibliothèque.
— Aucune famille là-bas ?
— Aucune.
— D'accord. Vous avez le résultat de votre PCR ?

Partir en Israël est un voyage dès l'aéroport. Nous sommes dimanche, il est très tôt, j'arrive un peu fébrile à Roissy, plusieurs couches de vêtements amoncelées sur le corps, pour alléger la valise, et pour pouvoir en retirer lorsque, après ces cinq heures de vol, je me retrouverai dans un climat immédiatement chaud, moi qui suis partie de chez moi par une température négative.

J'irai chercher Kafka

Ma valise ne passe pas pour la cabine, elle est trop lourde. En la refermant la veille, j'ai pris une photographie : sur le dessus, mes deux Pléiades Kafka bien alignées, avec son visage dans le petit carré. J'ai l'impression de l'emmener avec moi. Mais leur poids fait passer l'ensemble au-delà des 12 kilos. Finalement, Kafka prend la soute, c'est une première séparation, je ne ferai pas tout à fait le voyage avec toi – mais si nous gardions une certaine indépendance, après tout ?

Je me sens plus légère.

Dans la passerelle qui nous mène jusqu'à l'avion, le voyage commence pour de bon : un homme très brun, assez jeune, avec aux pieds un modèle de baskets qui m'impressionne tellement il semble nouveau, sort de son sac une lanière de cuir au bout de laquelle se trouve un boîtier. Il se met à charger un texte hébraïque sur l'écran de son IPhone, se tourne vers la fenêtre, et prie. Très fort, en se penchant d'avant en arrière. Devant les touristes ébahis.

Toute proche de lui, je me recule par réflexe et fais semblant de ne pas le regarder, mais j'écoute déjà la musique de la langue, et je suis amusée par ce geste. Malgré ma grande gêne vis-à-vis des pratiques religieuses, je suis émue de sentir que dans cette passerelle de Roissy, déjà, quelque chose autorise ce jeune homme à montrer son judaïsme – certes, de façon un peu déclarative, mais aussi, sans crainte.

Comme je n'ai jamais vu de près cet objet de culte, les tephillins, et comme j'ai à attendre dans

Premier jour, Paris-Tel-Aviv

cette passerelle (les procédures de sécurité, est-il besoin de le préciser, sont très longues), je me mets à chercher sur Internet de quoi elles sont constituées, et dans quel rituel elles s'inscrivent. J'apprends que ce sont deux petits boîtiers cubiques contenant quatre passages bibliques, inscrits sur des parchemins. On attache l'un de ces boîtiers au poignet, l'autre à la tête, ils sont reliés par des lanières de cuir, et se portent pour la prière matinale des jours « profanes ». Comme pour la *mezouzah* accrochée à la porte, on retrouve le parchemin, l'idée d'un rapport physique au texte et à sa peau – son inscription, son enroulement à même le corps. Contre l'air de la climatisation qui se met à souffler, j'enroule par mimétisme mon écharpe autour de moi, et je pense à la texture des manuscrits qui m'attendent là-bas. Les affiches publicitaires qui recouvrent les murs en préfabriqué de la passerelle me font rire une nouvelle fois : j'aperçois sur un fond rouge et blanc « Partez serein en Israël, assurez-vous Magen David ».

Sur mes genoux, un guide de Jérusalem et le livre de Benjamin Balint, *Le Dernier Procès de Kafka*, qui retrace l'histoire des manuscrits et décrit la procédure judiciaire dont ils ont fait l'objet en Israël[1]. Écrit en anglais en 2018, il est traduit en français en 2020 et constitue pour mon enquête une mine d'or. Je compte rencontrer l'auteur au cours de mon séjour. Une image de Kafka en noir et blanc, avec son chapeau, sur la couverture, et,

J'irai chercher Kafka

sur le petit écran en face de moi, la carte interactive en trois dimensions, avec l'avion qui se déplace dessus. Parfois l'échelle change pour vous donner à voir l'ensemble du trajet, ou zoome sur la destination. Israël me paraît minuscule.

Le chemin, très long.

Je pense à la valise rapiécée de Max, et à ma petite valise confortablement rangée dans la soute de l'avion. Quatre-vingts ans les séparent et pourtant elles transportent toutes deux les mêmes textes, les mêmes récits, depuis l'Europe jusqu'à ce petit pays, bande de terre au bord de la mer – qui s'appelait alors la Palestine, et aujourd'hui, Israël.

Je pense au nombre de fois où les papiers de Kafka ont fait ce trajet avant moi, par quel moyen de transport, dans quelles conditions. La première fois, ce furent plusieurs trains, plusieurs bateaux, la valise en cuir trimballée par Max et Elsa Brod. J'imagine à peine leur peur, leur chagrin, leur faim et leur soif même, probablement. Le premier trajet ne fut pas un voyage, mais un exil, un arrachement – un pari aussi. Le pari que s'il y avait une valise à emporter là-bas, c'était celle-là.

Max Brod m'émeut, dans sa fidélité.

*
* *

Je décide de somnoler devant le film proposé à la une par la compagnie aérienne : c'est *Aline*, de Valérie Lemercier, librement inspiré – dit l'affiche –

Premier jour, Paris-Tel-Aviv

de la vie de Céline Dion. Je suis hypnotisée par le récit de son enfance dans une famille très nombreuse et pauvre du Québec, puis sa rencontre avec son agent-amour-mari, de vingt-six ans son aîné. Un coup de foudre qui donne naissance à un premier tiraillement entre l'amour pour sa mère, qui le lui interdit, et le désir pour cet homme. Après quoi je regarde défiler ses succès, impressionnants, mais avec lesquels arrivent encore des tiraillements, cette fois entre les strass de la scène et les montées de lait de la maternité. J'ai hésité à regarder : tu es là pour Kafka, il faut créer une atmosphère favorable, et vivre cette histoire. Finalement, cédant à la tentation, je ne le regrette pas. Je ne cesse de pleurer, midinette en voyage, avec son paquet de mouchoirs, c'est comme si j'ouvrais la boîte des larmes – et elle sera ensuite ouverte tant de fois que je finirai par m'interroger sur son fond.

Se dessine une image de début qui me plaît : le trajet en pointillé sur la carte, les deux livres sur mes genoux, Céline Dion dans mon casque, les larmes sous mon masque, et, de l'autre côté de la rangée, les yeux rivés au hublot, le jeune homme très brun qui priait tout à l'heure.

Dans quelques minutes nous commencerons notre descente vers Tel-Aviv, dit le pilote qui interrompt dans mes oreilles la bande-son de *My Heart Will Go On*.

*
* *

J'irai chercher Kafka

À l'aéroport Ben Gourion, tous les passagers passent par un immense hall aménagé sous des tentes, le *Covid Testing Center*. L'image me saute à la figure comme étant immédiatement surréaliste : la lumière est blanchâtre, il y a des dizaines et des dizaines de petits box séparés par des rideaux symboliques, de jeunes étudiants insèrent à la chaîne des écouvillons dans les narines de familles juives orthodoxes dont j'arrive à peine à compter le nombre d'enfants, de femmes voilées, d'hommes d'affaires pressés. Je n'ai même pas le temps de comprendre mentalement ce que je vois que l'étudiant m'a déjà noué un bracelet orange au poignet en criant « Next passenger please ! ».

Je dois attendre le résultat de ce test d'arrivée pour pouvoir sortir du lieu déclaré de mon arrivée sur le territoire israélien.

J'ai rendez-vous chez Judith, à Jaffa, le quartier arabe de Tel-Aviv.

C'est l'écrivaine et traductrice de l'hébreu Valérie Zenatti qui m'a confié l'existence de cette femme artiste française, vivant en Israël depuis plusieurs années. Judith sous-loue une chambre de son appartement pour les amis d'amis venus ici écrire, peindre ou créer, « enfin pour résister », dit-elle dans un sourire.

À travers Judith, ma première rencontre, Valérie devient une présence incandescente du projet, du voyage et du livre.

Premier jour, Paris-Tel-Aviv

L'adresse est rue Lamartine. « Au début, me raconte Judith, j'entendais Lamantinn, à l'israélienne, je pensais à l'animal, je n'avais même pas pensé qu'il s'agissait du poète français ! Il paraît qu'au moment où le quartier fut construit, forcément par des immigrés, ce sont des Français qui ont bâti ces rues, alors il y a Lamartine, Hugo, Voltaire... en lettres hébraïques, cela me fait rire ! »

Quand j'entre dans cet appartement, mon regard est attiré en premier lieu par une étagère dans le salon, j'y reconnais le livre de Valérie sur Aharon Appelfeld, *Dans le faisceau des vivants*. Valérie Zenatti restitue dans ce livre l'expérience psychique, physique et métaphysique, de son lien avec Aharon Appelfeld, immense écrivain israélien dont elle fut la traductrice – elle restitue aussi ce que fut pour elle la mort d'Appelfeld, le vide qui s'est alors ouvert sous ses pieds et dont elle a su s'extirper par la langue et le voyage.

Lors d'une soirée littéraire où je la rencontrais pour la première fois, j'avais donné à Valérie une carte postale, pour lui faire part du bouleversement que son livre sur Appelfeld avait provoqué en moi. Je l'avais écrite à la main, sur le ton à la fois timide et enthousiaste d'une jeune admiratrice. Une amitié, comme un trait d'union entre les écrivains d'avant et les femmes d'aujourd'hui, en était née. Nous nous étions revues à Paris le soir où fut annoncé le premier confinement, au printemps 2020. Nous l'ignorions mais nous sentions bien que l'espace était sur le point de se refermer sur nous. Nous nous tenions comme sur le seuil de quelque chose d'inédit. Dans cette atmosphère de fin du monde, nous avions décidé de boire du vin blanc, quand bien même l'après-midi n'était pas tout à fait terminée. Nous buvions, nous trinquions, Valérie me parlait de son rapport à Israël, à la musique. Je lui ai posé une question sur Appelfeld, elle m'a regardée dans les yeux, les siens se sont remplis de larmes d'un coup, je n'oublierai jamais cette image.

Tout juste arrivée chez Judith à Jaffa, je vis donc comme un signe rassurant le fait d'apercevoir immédiatement ce livre. « Ah Valérie justement ! dis-je à Judith qui m'accueille à bras ouverts, il faudra qu'on lui envoie un selfie ! » J'ouvre le livre un peu au hasard et je tombe sur cette page, au tout début :

> Le mercredi 3 janvier, les médecins ne pouvant se prononcer sur son état, j'ai réservé un aller-retour Paris-Tel-Aviv pour le lendemain matin. J'ai passé la nuit allongée dans mon lit, le corps raide, incapable de dormir, entendant sa voix et lui parlant, dans un dialogue d'une densité qui m'affolait et me comblait. Nos phrases s'entremêlaient pour faire surgir avec une précision absolue la matière vivante et brûlante de tout ce qui nous reliait. J'ai réussi à dormir une heure avant que le réveil sonne et dans le taxi qui me conduisait à l'aéroport, à 7 h 04, une alerte

Premier jour, Paris-Tel-Aviv

du quotidien israélien *Haaretz* s'est inscrite sur l'écran de mon téléphone, annonçant : l'écrivain Aharon Appelfeld, lauréat du prix de littérature d'Israël, est mort cette nuit à l'âge de 85 ans. J'allais m'envoler vers Tel-Aviv malgré l'annonce de la mort, je me dirigeais vers quelqu'un que je ne verrais pas, l'intention de ce voyage était déjà caduque [2].

Je referme le livre en souriant à Judith, mais je suis pleine de l'interrogation électrique qui m'étreint : pourquoi suis-je là, pourquoi suis-je persuadée de venir ici rencontrer Kafka alors qu'il n'a jamais que posé son doigt sur la carte à l'endroit de ce pays qui n'existait pas encore au moment où il est mort ? Pourquoi me diriger vers quelqu'un que je ne verrai pas, que je n'ai jamais vu, dont l'existence même est parfois une tâche douteuse dans mon esprit ?

« Et ici, c'est Alice, ma grand-mère », me dit Judith en me montrant un petit cadre rond, avec la photo d'une belle femme des années 1920.

Nous montons sur le toit de son appartement, j'y vois des murs décrépis sur lesquels on a suspendu de grands tapis, des enseignes avec des lettres en hébreu (la moindre lettre m'impressionne encore), et des oiseaux, des centaines d'oiseaux – martinets bruyants, corneilles grises, leurs cris sont stridents, j'ai l'impression qu'ils épousent et expriment à ma place mon excitation d'être ici.

J'irai chercher Kafka

Quand la nuit tombe, je n'ai toujours pas reçu le résultat du test de l'aéroport, je sors clandestinement m'acheter un petit *rugelach*, croissant au chocolat ashkénaze, près du port.

Je longe la tour de l'horloge, entourée de très hauts palmiers. Je m'approche de la mer, elle est toute noire, elle n'a rien à me dire. Demain, je dois me lever tôt.

Deuxième jour, Tel-Aviv

Rue Spinoza, un choucas

Je pensais que les martinets me réveilleraient au petit matin, c'est finalement le muezzin de la mosquée toute proche ; « il essaye de ne pas hurler trop fort le matin, moi je ne l'entends plus », m'avait dit Judith. Dans la confusion des premiers matins, j'émerge en me demandant le temps de quelques secondes où je suis. Jaffa est située à la pointe sud de la ville de Tel-Aviv, à laquelle elle fut rattachée en 1950. Aujourd'hui, c'est un port, une importante mosquée, une très belle vue sur la mer (bien plus belle que celle de la Tayelet qui voit se succéder des tours et autres constructions bétonnées), et un grand marché aux puces, le « shouk ha pishpeshim ». C'est un quartier cosmopolite, comme on dit – mais ici le mot a un sens plus aiguisé. Le quartier où vivent beaucoup d'artistes et de jeunes intellectuels.

J'irai chercher Kafka

Je longe la mer, bleu vif ce matin, ici je ne sais pas pourquoi, je la trouve différente. En remontant vers le nord, j'aperçois plusieurs petites taches noires dans l'eau, ce sont des surfeurs, de plus près ils ont les cheveux longs, j'en vois aussi marcher pieds nus sur la promenade, l'un d'eux avance sur un vélo pliable qu'il tient d'une seule main. Sur le sable, une trentenaire enchaîne des postures de yoga à quatre pattes, gênée par ses chiens qui lui tournent autour (je comprends vite qu'à Tel-Aviv, il est très à la mode d'avoir un ou même plusieurs chiens).

Je m'arrête dans un café sur le front de mer, j'ouvre l'une de mes Pléiades un peu au hasard et je m'arrête longuement sur cette citation qui m'avait déjà frappée avant mon départ : « J'aurai, sinon émigré en Palestine, du moins voyagé jusque-là en passant le doigt sur la carte. »

Franz Kafka écrit ces mots à Max Brod au mois de mars 1918. Il accélère alors son apprentissage de l'hébreu, déjà entamé en 1917, comme cela était fréquent dans les cercles d'intellectuels juifs pragois qu'il fréquentait. En 1918, il propose même à Max de correspondre en hébreu, ce que ce dernier refuse par orgueil : il m'avait vite dépassé en la matière, confesse-t-il dans ses Mémoires.

Lorsque Franz rencontre Dora en 1923, il renoue avec le projet de partir, caressé comme on caresse un rêve fait six ans auparavant. En 1923, Kafka est un homme malade, il vit la dernière

Deuxième jour, Tel-Aviv

année de sa vie dans le tourbillon d'un amour face à la mort – ce qui lui donne sans doute un élan nouveau, une impulsion inédite. L'atmosphère qui règne à Prague, Vienne et Berlin dans les années 1920 est tendue, l'antisémitisme palpable. Du fantasme solitaire, la Palestine devient un projet d'amoureux : ils imaginent tenir un restaurant végétarien à Tel-Aviv, Dora serait en cuisine – elle était cantinière pour les camps de vacances – et lui, en salle (ce qui semble un peu moins plausible mais indique avec malice et douceur la marque du désir).

Toujours la mer en face de moi, toujours les surfeurs et ce bleu oriental, j'ai le sentiment étrange d'achever ce geste pour lui, de suivre une ligne qu'il aurait tracée en puissance et que je suivrais en actes, mais un désir ne doit-il pas rester irréalisé, impossible, pour survivre en tant que désir ? Ne suis-je pas moi-même, sur cette baie, en train de trahir Kafka ? Ne fallait-il pas laisser Tel-Aviv sur une carte, entité abstraite et géographique ?

En lisant la lettre à Max de 1918, je suis surprise de m'apercevoir qu'il est en réalité question à ce moment-là, non pas à proprement parler de son éventuel projet de se rendre physiquement en Palestine, mais de… faire plaisir à son père. Un étrange nœud se tisse entre les deux notions – la Palestine, son père – alors même que le père de Franz n'avait aucun projet sioniste !

J'irai chercher Kafka

Merci Max de ton entremise auprès de Wolff [l'éditeur d'un recueil de nouvelles de Franz à paraître, N.D.A.]. Depuis que je me suis décidé à dédier le livre à mon père, il m'importe beaucoup qu'il paraisse bientôt. Non que j'espère par là apaiser mon père – les racines de cette hostilité sont impossibles à extirper – mais j'aurai quand même fait quelque chose, j'aurai, sinon émigré en Palestine, du moins voyagé jusque-là en passant le doigt sur la carte [1].

Kafka fait donc un parallèle entre apaiser la haine de son père et émigrer en Palestine. Plus exactement, il utilise ici l'idée de l'émigration comme une métaphore – l'image d'un impossible apaisement.

Le vent sur la terrasse fait s'envoler mon ticket, j'essaye de redemander l'addition en hébreu, on me répond en anglais, je charge sur le plan de mon téléphone la prochaine étape de mon itinéraire à Tel-Aviv : 20 rue Spinoza.

***

Lorsque Max Brod arrive au printemps 1939 avec sa femme Elsa à Tel-Aviv, la ville est en pleine construction. Tel-Aviv n'existe que depuis une dizaine d'années, elle a été créée en 1909 lorsque les populations juives décidèrent de fonder une ville distincte du port de Jaffa, mais le premier

Deuxième jour, Tel-Aviv

maire de la ville moderne telle qu'elle existe aujourd'hui est élu en 1921. Le premier plan dessiné par l'architecte écossais Geddes date de 1925. Il a alors l'idée, influencé par les dirigeants sionistes qui pilotent le projet, de bâtir une ville à partir de parcelles découpées, aérées et verdoyantes – différenciée de manière visible des cités arabes aux étroites ruelles héritées de l'Empire ottoman. Aujourd'hui encore, lorsque vous passez, en longeant la mer, de Jaffa au quartier de Neve Tzedek à Tel-Aviv, vous êtes propulsé en quelques minutes d'un univers oriental à une physionomie new-yorkaise, alors même que derrière vous la vue ne bouge pas : la Méditerranée navigue seulement d'une nuance de bleu à l'autre en fonction du déplacement des nuages.

Dès le début des années 1930, une importante vague d'émigration bouscule la démographie de la ville en train de se construire. Des milliers de Juifs allemands arrivent, qui fuient les premières persécutions du nazisme. De 34 000 habitants en 1925, elle atteint les 150 000 habitants en 1937, l'année qui précède l'arrivée de Max.

Ces Juifs venus d'Allemagne, et bientôt des pays d'Europe de l'Est annexés par le Reich, ont tout à construire, et cela commence littéralement : il faut des habitations, des écoles, des bâtiments institutionnels et culturels. Un groupe de jeunes architectes, bientôt surnommé Houg, le cercle, formé dans les écoles allemandes alors sous l'influence du mouvement Bauhaus, se met au travail. Les lignes courbes et les formes cubiques sont dessinées en masse pour ces nouveaux plans d'habitations, qu'ils conçoivent en lien avec l'idéologie sioniste qui est la leur – des habitations nouvelles pour des hommes nouveaux, dans une ville nouvelle, à l'architecture inédite. Une ligne directrice est appliquée, ils construisent quasiment exclusivement des immeubles divisés en appartements de soixante-dix mètres carrés. Ils ont dû transformer ce qu'ils avaient appris du Bauhaus en Allemagne afin de l'adapter au climat et aux contraintes économiques de Tel-Aviv. En Allemagne, on construisait de vastes ouvertures, avec de larges baies vitrées. À Tel-Aviv, il fait trop chaud, la lumière est trop forte et ces grandes vitres étaient trop chères. Ils ont donc conçu des petites ouvertures verticales, faites de panneaux de verre qui éclairent la cage d'escalier, appelée le thermomètre à cause de sa forme. Ils ont imaginé des balcons un peu enfoncés dans le bâtiment pour protéger du soleil et de la chaleur, mais ouverts au vent d'ouest, venant de la mer, pour rafraîchir la maison [2].

Max Brod emménage rue Hayarden dans un quartier central, en pleine construction, plutôt éloigné de la mer. L'appartement a été trouvé grâce à l'aide de son ami Hugo Bergmann ; c'est étroit, humide, mais leur vie est sauve et c'est ici, maintenant, qu'ils ont à la réinventer.

Deuxième jour, Tel-Aviv

L'arrivée est dure pour ces émigrés tout juste débarqués d'une culture et d'un niveau de vie incomparables. Il faut mesurer l'étendue de la nouveauté. Le sionisme, j'imagine, sert à cela : à ce que le projet politique social, total, donne la force de surmonter les épreuves, donne un sens à ce recommencement, forcément douloureux.

Max Brod tente de trouver un petit boulot dans les milieux de l'université hébraïque, dont les départements tout juste créés de littérature et de théologie sont dirigés par des Juifs européens comme lui, des personnalités que, souvent, il connaît. Mais l'université se situe à Jérusalem. À Tel-Aviv, personne ne l'attend. Il parvient à trouver quelques piges dans des journaux en langue allemande, et se rapproche du théâtre municipal de Tel-Aviv, qui lui offre un premier emploi. Il améliore son hébreu avec acharnement et essaye de continuer à écrire. Quelques mois seulement après leur arrivée à Tel-Aviv, sa femme Elsa tombe gravement malade.

Max trouve une banque à Tel-Aviv qui propose une salle des coffres pour une somme relativement modique.

Il y dépose dans trois coffres métalliques certains des documents originaux rares ayant appartenu à Kafka. Je ne sais pas encore précisément à cet instant de mon voyage de quels documents il s'agit. Je sais qu'il en conserve d'autres, de nature « privée », dans son appartement.

J'irai chercher Kafka

Un jour, dans un cours d'hébreu, sans doute pendant l'année 1940, il fait la connaissance d'un jeune homme qui vient aussi d'arriver de Tchécoslovaquie, avec sa femme et leurs deux petites filles. Sa femme s'appelle Isle Hoffe et veut elle aussi s'inscrire à des cours d'hébreu car elle cherche du travail, mais aussi parce qu'elle a commencé à écrire des poèmes en hébreu. Max Brod les invite à dîner rue Hayarden, il a un projet à soumettre à Isle.

Isle a trente-trois ans, elle a fui avec sa famille la ville d'Opava, à trois cents kilomètres à l'est de Prague. Avant le nazisme, elle avait fait de longues études. Ici elle doit se débrouiller pour survivre.

Au cours du dîner Max évoque le nom de Franz Kafka, son ami, selon lui le plus grand écrivain juif du siècle. Il poursuit le chantier de l'édition et de la publication de son œuvre, qu'il avoue placer bien plus haut que la sienne à lui. Isle, elle, est curieuse de savoir ce qu'écrit Max. Il essaye d'écrire une pièce de théâtre, « mais ce serait mieux pour être accepté ici que je l'écrive en hébreu », affirme-t-il, un peu découragé. La langue allemande n'a pas bonne presse. Les nouveaux arrivants doivent montrer patte blanche dans la ville blanche, et cela passe en premier lieu par la maîtrise de la langue nouvelle.

« Mais ce nom, Kafka, me dit quelque chose, conclut Isle, vous me ferez lire ? »

Deuxième jour, Tel-Aviv

Elle repart avec un exemplaire du recueil de nouvelles de Kafka intitulé *Description d'un combat*. Ce n'est que le début du sien. Elle rentre chez elle, à quelques minutes de marche.
Elle habite rue Spinoza.

* * *

Me dirigeant du bord de mer vers la rue Spinoza, j'arrive dans le quartier aujourd'hui assez huppé de Dizengoff. Je suis frappée par le contraste entre les magasins de vêtements et les innombrables cafés (indiquant un certain standing des habitants), et le caractère décati des immeubles, souvent pris d'assaut par une végétation luxuriante et exotique, vous donnant l'indication contraire mais évidente que vous êtes en Orient. Je prends en photo les palmiers et les bougainvilliers, qui me font penser à ma mère et aux rares images qu'elle m'a montrées de son enfance en Afrique.

Quand je découvre la plaque « Spinoza Street », dans les trois langues – hébreu, arabe, anglais – comme c'est toujours le cas ici, j'ai le sentiment que l'histoire prend vie. J'ai immédiatement la conviction aussi que j'ai bien fait de venir jusqu'ici. Que quelque chose dans ma vie est en train de changer, va changer, que quelque chose se meut à l'intérieur, comme si une minuscule et insaisissable métamorphose se mettait en marche à l'instant où j'entre dans cette rue.

J'irai chercher Kafka

C'est au numéro 20 de cette rue Spinoza que les manuscrits de Kafka ont été gardés (cachés, emprisonnés, mis en danger, la suite nous le dira) pendant exactement cinquante ans. Et rien, mais rien ne sied à cette proposition : c'est banal, voire moche, ennuyeux comme une ruelle résidentielle à sens unique. Je marche très doucement, arpentant un trottoir puis celui d'en face à tour de rôle, comme si je pouvais manquer un événement incroyable ; mon corps entier, chacun de mes sens lutte contre la déception – je sais que je ne verrai rien, mais je veux voir quelque chose à travers.

Les sons monotones de la rue se transforment enfin en un joyeux brouhaha d'enfants : il y a une petite école rue Spinoza et c'est l'heure de la récréation. Derrière les grilles, je devine leurs jeux, en contrebas, il y a un panneau d'affiches aux couleurs vives que je prends en photo : une publicité pour un spectacle de Cendrillon en hébreu. J'arrive au niveau du numéro 10, j'allume mon enregistreur.

Le brouhaha des enfants s'éloigne au fur et à mesure que mes pas avancent. Je parle au micro pour tenter de briser la solitude et la réalité : il n'y a toujours rien à voir que ces immeubles identiques, dont seul le degré de salubrité varie d'un numéro à l'autre.

* *

Le numéro 20 n'a rien de différent des autres, à part peut-être sa laideur. Imaginez trois étages

Deuxième jour, Tel-Aviv

construits dans un béton beige qui s'effrite et laisse apparaître des pans entiers de taches grises, des balcons grillagés, des tuyaux et des fils électriques partout apparents, qui pendent au milieu des quelques plantes que les habitants ont pris soin de mettre en pots – chacun des appartements de l'immeuble semble habité. Les vieux climatiseurs sont visibles eux aussi, il y a au sol, à l'extérieur, un vieux tapis vert type imitation gazon mal posé, marronnasse, recouvrant un carrelage littéralement défoncé.

L'appartement qu'ont occupé Isle Hoffe, puis sa fille Eva, est celui du rez-de-chaussée. Je descends les six marches dans l'idée de m'en approcher le plus possible. J'ai le sentiment d'entrer dans un train fantôme, tout est tellement immonde que cela semble artificiel. Je suis déjà dans une fiction.

Entrant dans l'immeuble, c'est plutôt à des toilettes publiques que je pense : l'odeur est nauséabonde, il y a une première porte tout de suite sur la droite fermée d'un simple cadenas de bazar, sur laquelle ont été collés divers autocollants publicitaires où l'on devine des numéros de téléphone. Sur le côté gauche on trouve une fenêtre avec des barreaux qui sans doute un jour ont été blancs. Douze boîtes aux lettres trônent au milieu du hall, les noms à peine lisibles. Au fond, une autre porte : très certainement celle de l'appartement qui m'intéresse. Je tente de sonner, puis de frapper, personne ne m'ouvre. Écœurée par l'odeur de ce couloir, je ressors, fais le tour, photographie l'immeuble sous toutes ses crasseuses coutures.

Je me décide à filmer l'immeuble de haut en bas, et je m'aperçois que le petit balcon du dernier étage fait apparaître un mouvement. Le zoom de la caméra me permet de comprendre qu'il s'agit d'un grand oiseau noir en papier cartonné, suspendu au plafond bétonné du balcon – un mobile de chambre d'enfant dont l'usage a ici été détourné en un captivant artifice. L'oiseau bouge au gré du vent, il ressemble à un vrai, cherchant à s'approcher des plantes sous lui disposées, touche de beauté en même temps terriblement inquiétante. On dirait que l'oiseau veut s'envoler, partir, mais le fil sans cesse le ramène au centre de ce balcon décrépi. Si tu étais un vrai oiseau, alors tu pourrais t'enfuir de là. Noir et blanc, peut-être gris (je le regarde d'en bas) il est difficile de déterminer s'il s'agit d'une pie ou d'un corbeau, disons un choucas.

Le nom de famille Kafka, écrit avec un -v-, signifie choucas en tchèque, et Franz a plusieurs fois signifié qu'il prenait cette descendance très au sérieux. Dans les *Conversations* avec Gustave Janouch, on trouve cet échange :

– Je suis un oiseau tout à fait impossible, dit Kafka. Je suis un choucas – un « kavka ». Le charbonnier du Teinhof en a un. Vous l'avez vu ?
– Oui, il court devant sa boutique.

Deuxième jour, Tel-Aviv

— Oui, mon parent a plus de chance que moi. Il est vrai qu'on lui a rogné les ailes. Dans mon cas, en revanche, cela n'a même pas été nécessaire, car mes ailes sont atrophiées. C'est la raison pour laquelle il n'existe pour moi ni hauteurs ni lointains. Désemparé, je vais sautillant parmi les hommes. Ils me considèrent avec une grande méfiance. Car enfin je suis un oiseau dangereux, un chapardeur, un choucas [3].

Les locataires de ce dernier étage sont-ils au courant de ce qui s'est passé trois étages en dessous de chez eux ? C'est probable, car, je vais bientôt en prendre la mesure, l'histoire des manuscrits de Kafka a longuement défrayé la chronique en Israël. La rue Spinoza a même été prise d'assaut par les journalistes. On raconte que du temps où Eva Hoffe, la fille d'Esther, habitait encore l'appartement du rez-de-chaussée, il était littéralement envahi par les chats (trente, cinquante, ce chiffre fit l'objet de discussions animées au tribunal) et les odeurs qui vont avec. Le journal israélien *Haaretz* consacra une chronique quotidienne à l'affaire. Les grands journaux du monde entier commandèrent des reportages à des envoyés spéciaux. Tous sont venus ici, rue Spinoza, et se sont retrouvés comme moi devant cette porte close. L'envoyée du *New York Times*, devant la présence évidente de ces nombreux félins à l'intérieur de l'appartement, se procura une souris mécanique en peluche pour tenter une ouverture. Aucun d'eux ne parviendra à faire ouvrir la porte, Eva restera cloîtrée avec ses chats de garde, vieille dame recluse que j'imagine les bras croisés sur ce trésor qu'elle ne veut pas lâcher, comme une enfant qui refuse de prêter un jouet. Un journaliste australien fit le pied de grue si longtemps qu'il réussit à la voir sortir faire des courses. Eva lui dira seulement cette phrase – que Kafka n'aurait pas réfutée :

« Cette histoire ne finira jamais ».

*
* *

Devant la porte, je ne vois aucun chat, si ce n'est un chat errant un peu plus loin dans la rue, qui mange des croquettes devant un magasin de téléphonie. C'est le signe que cette histoire, si elle n'est pas encore finie, m'est inaccessible, derrière cette porte au cadenas ridicule. Eva Hoffe est morte, l'appartement a sans doute été racheté. Et les manuscrits en ont été extirpés lors d'une véritable opération de sauvetage dont je vais apprendre, dans quelques jours, les moindres détails.

Les manuscrits de Kafka sauvés du pipi de chat.

Tournant à l'angle de la rue Spinoza, je me sens propulsée dans le contraste entre ces deux entités, Kafka et le pipi de chat. Il n'y a rien à voir rue Spinoza, d'ailleurs je n'ai rien vu, à part cet oiseau suspendu. Seule l'odeur me reste et me dégoûte. Je suis ballottée entre ma proximité physique avec le précieux et le rare (un jour ses papiers ont été là),

Deuxième jour, Tel-Aviv

et le décrépit, miteux, vétuste du réel qui les contenait. Je n'ai pas pu entrer dans l'appartement, mais je suis comme entrée par effraction dans le monde de Kafka après Kafka, dans une histoire qu'il me dicterait de loin – comme si ses romans avaient laissé derrière eux une traînée de poudre, de poussière, qui continuait à engendrer des scènes, des visions, des personnages à la fois fantomatiques et attirants. Je n'ai qu'une possibilité : me laisser faire et, dans le meilleur des cas, devenir l'un d'entre eux.

*
* *

Dès l'année 1941, Max et Isle ne se quittent plus. À tel point qu'il décide, comme le ferait un père adoptif, de la renommer : elle doit acquérir un prénom hébraïque. Isle, qui sonne si germanique, est ici imprononçable, comme le sont ses pièces de théâtre à lui s'il continue de les écrire en allemand. Il faut passer à l'hébreu. Sans doute y a-t-il aussi quelque chose de l'ordre de la conversion. Dorénavant Isle s'appellera Esther.

Elsa Brod meurt en 1942. Elle venait d'avoir cinquante-neuf ans. Une histoire d'amour commence au milieu du drame.

De quel amour parle-t-on ?

Max et Esther s'aimaient-ils physiquement ? Si oui, faisaient-ils l'amour en cachette d'Otto, le mari d'Esther, ou était-il au fait de leur relation, et si oui, à quel degré se plaçait sa complicité, sa participation ? Ou alors, l'intensité du lien est-elle demeurée platonique ? Comment ont-ils dans ce cas exercé une telle puissance l'un sur l'autre, Max donnant tout à Esther, Esther tentant de garder tout de Max après sa mort ?

Dans ses Mémoires, Max fait d'Esther un portrait discret, sans cacher la force de ce qu'il éprouvait pour elle : Esther est « bien plus que [sa] simple secrétaire » « [sa] collaboratrice créative », « [sa] plus grande critique, aide, alliée, amie »[4]. Max se rapproche naturellement du couple puis de leurs deux filles, Eva et Ruth. Il devient comme un père pour elles. S'agirait-il d'un ménage à trois ?

Après la mort de son épouse Elsa, Max installe un petit bureau à Esther dans son appartement de la rue Hayarden. Ses revenus ne lui permettent pas de la rémunérer. Parmi les tâches de secrétariat dont elle est chargée, il lui faut mettre de l'ordre dans les manuscrits, et ce n'est pas une mince affaire. La correspondance, les journaux (Max tient un carnet quotidien depuis son plus jeune âge), et bien sûr, le dossier Kafka.

* *

De quels papiers Esther s'occupe-t-elle exactement ? Pour commencer, il faut bien avoir à l'esprit qu'en 1942, année où elle prend place dans ce petit bureau de l'appartement de Max, les œuvres de

Deuxième jour, Tel-Aviv

Kafka ont déjà été largement éditées par Max Brod. Lorsqu'elle prend en main le dossier Kafka fin 1942 à Dizengoff, Esther traite donc des feuilles volantes que Max n'a encore ni publiées, ni classées, ni placées dans ces coffres. Mais il y a tellement de papiers, tellement de trésors encore, que cela va suffire à l'occuper des années entières.

Le projet de Max est par essence inachevé, comme le sont les romans de Franz : tous les cinq ou six ans, tant qu'il est encore en vie, il s'acharne à rééditer les œuvres de Franz, à les faire traduire, à les faire connaître, et à y ajouter quelques pages nouvelles (un cahier retranscrit par Esther ici, un dessin retrouvé au coin d'un brouillon là). Comme la taupe, il construit, creuse cet infini terrier. Il fait place à Esther qui s'y creuse une première galerie parallèle, puis une seconde. Elle ne voit pas que le labyrinthe risque de se refermer sur elle. Au contraire, en ce début 1943, elle s'y loge comme en une véritable place forte, le bunker d'une vie qui n'en a pas terminé avec la menace de la guerre.

L'une des premières tâches que Max confie à Esther est la préparation des manuscrits en vue de la traduction de Kafka en hébreu, qu'il obtient de haute lutte et pour un volume uniquement. *L'Amérique* paraît en hébreu en 1945. Suivront, bien après : *Le Procès* en 1951, et *Le Château* en 1967 – ces trois dates traversent la vie de Brod et le travail confié à Esther, comme des cailloux déposés au creux des tunnels de leur terrier Bauhaus.

Troisième jour, Tel-Aviv

Le rat et le ventilateur

On se choisit une vie par le récit qu'un dialogue avec un ou une inconnue fabrique : on isole des bribes, celles-ci plutôt que celles-là, on se fraye un chemin. La veille, j'ai passé une soirée avec Judith. J'aime le plaisir qu'elle semble prendre, justement, à sans cesse inventer sa vie, quitte à tout quitter, quitte à tout perdre. C'est dans ce mouvement-là qu'elle s'est retrouvée dans cet appartement de Jaffa. Nous parlons de nos ancêtres, de leurs parcours, de ce que l'exil voulait dire pour eux et de ce qu'il signifie pour nous. Judith l'a connu, quittant la France pour Israël. Je ne l'ai jamais connu mais j'en suis comme peuplée, au moment où je reproduis mentalement le trajet de ces manuscrits et de leur propriétaire, Max Brod. Je parle de Kafka à Judith, elle semble émue par mon enthousiasme, elle croit aux hasards et lorsque chacune de nous referme sa porte avant d'aller dormir, elle me dit :

J'irai chercher Kafka

« Je sens que tu vas découvrir plein de choses sur toi ici. »

Il me reste deux jours à Tel-Aviv avant d'aller vers Jérusalem, que je redoute malgré (ou encore plus depuis !) les prédictions de Judith. Je repars marcher vers le quartier de Dizengoff où vivaient Max et Esther, sans véritablement savoir si je suis déçue ou enthousiaste, si je veux retourner au bord de la mer ou si je m'arrête dans un café. Chacun des petits restaurants que je vois me fait penser au projet de Kafka et Dora, leur projet d'ouvrir ensemble un café végétarien – je ris de les imaginer ici, c'est absurde et un peu grotesque. Je continue de me débattre entre le sentiment de voir Kafka partout et celui de ne pouvoir l'imaginer ici nulle part.

J'ai prévu de me rendre au musée d'Art contemporain tout proche, on m'a parlé d'une exposition Annette Messager – je me sens un peu déboussolée, peut-être retrouverais-je à travers elle quelques repères ?

Je traverse un square pour enfants qui jouxte le musée, je photographie pour mon fils les jeux qui y sont novateurs, un camion plus vrai que nature, une fausse piscine. Je suis excitée pour lui par le réalisme de leurs artifices.

La première salle de l'exposition est surveillée par un gardien qui chantonne en arabe. En face de lui, des suspensions d'objets et de tissus comme en fait Annette Messager depuis longtemps créent une ambiance au croisement du cauchemar d'enfant et

Troisième jour, Tel-Aviv

de la galerie de trophées de chasse. Mal à l'aise, je préfère aller regarder les encadrements de robes sur lesquels des mots sont brodés, autre série célèbre de l'artiste. Je prends en photo celles qui composent les mots : doutes (au pluriel), et promesse (au singulier).

Au fur et à mesure que je m'éloigne de la première salle où chantait le gardien, j'ai l'impression qu'il chante de plus en plus fort, je discerne quelques paroles sans les identifier, j'entends en tout cas très distinctement que sa voix est pure, très belle, elle exerce un attrait lointain. Contre toute attente, ce fond sonore sied assez bien aux œuvres entre lesquelles je déambule, y compris ces images de sexes féminins, de seins, de lèvres en gros plan, d'un érotisme magnétique qui me saisit.

Avant de redescendre l'escalier pour quitter le musée, je décide d'allumer mon petit enregistreur planqué dans mon sac, et de m'approcher du gardien.

Je m'aperçois que l'œuvre la plus proche de lui est absolument sidérante : c'est un rat, ou une grosse souris empaillée, suspendue au plafond par une ficelle et placée juste au-dessus d'un ventilateur – le dispositif est très simple mais le résultat incroyablement bizarre. Mis en mouvement par le ventilateur, le rat tournoie sur lui-même, en l'air, la tête en bas. Nous oscillons entre le crochet de boucher, le conte de Grimm, et un détournement burlesque. Ce rat porte en lui une forme d'humour et d'ironie, car il est l'archétype de ce qui est mort : un rat, rat crevé, écrasé, crocheté ; et pourtant il tourne, devenant comme une métaphore de carnaval du monde tel qu'il va. Surtout, ce rat est incroyablement kafkaïen, dans tout ce qu'il charrie et fait valser, dans l'enfance déchiquetée autant que dans l'absurdité du rôti de rat crevé.

Il crée en moi comme une décharge électrique qui me pulvérise hors de ce musée d'art, de cette exposition, de Tel-Aviv en 2022 : il me plonge à nouveau dans cet univers post-kafkaïen, que Kafka inventerait à mes dépens comme un démiurge qui s'amuse avec sa marionnette. L'écho avec le choucas suspendu au balcon, vu une heure avant, est quasi effrayant : je me pince pour être sûre de ne pas être piégée par un rêve ou une caméra cachée qui m'aurait plongée contre mon gré dans une attraction de Halloween.

Mais ce qui me bouleverse dans ce moment-là ne se trouve pas, en réalité, ou pas seulement, dans la figure kafkaïenne du rat suspendu retrouvé par hasard chez Annette Messager, ni même dans l'écho troublant avec le mobile épouvantail repéré rue Spinoza. L'insensé dans cette scène est le lien qui se crée sous mes yeux entre le rat tournoyant et la voix de ce gardien qui chante juste à côté. La beauté et la légère folie de son chant s'adjoignent à l'étrangeté horrifiante et drôle à la fois du rat, et j'ai l'impression d'être dans un texte de Kafka.

Troisième jour, Tel-Aviv

Qu'est-ce qui est kafkaïen là-dedans ? Tout, pourrait-on répondre si l'on se plonge dans les récits animaux de Kafka, mais surtout là pour moi qui en ai la chair de poule, il se produit une mise en situation de Josefine la souris. La nouvelle de Kafka, la dernière nouvelle qu'il a écrite avant de mourir alors même qu'il perdait sa voix ; la nouvelle, souvenez-vous, dont il corrigeait les épreuves jusqu'à ses dernières heures de vie – l'histoire de cette souris qui chante en silence, qui chante comme une cantatrice devant son peuple alors même que l'on ne peut entendre sortir d'elle que le son d'un grincement, d'un couinement à peine perceptible. L'histoire de ce chant disparaissant prend vie sous mes yeux et je voudrais simplement arrêter le temps pour que la réalité, à jamais, continue d'épouser la fiction. Je voudrais regarder, écouter, car ce gardien m'offre sans le savoir la chance de rejoindre pour un instant le peuple des souris. Je l'écoute comme si le son qu'il produisait sortait de ce rat, métamorphosé en souris et renommé Josefine. Une Josefine qui chanterait en arabe et la tête en bas, soumise aux mouvements impulsés par les hélices métalliques d'un ventilateur à bas prix.

Je suis une souris.

Je tente de parler au gardien, « comme vous chantez bien monsieur ! », il ne comprend pas, j'essaye un peu en anglais, il ne sait pas non plus. Une dame entend nos difficultés et lui traduit en arabe, il semble me remercier mais la dame me traduit « il dit qu'il chante ici comme dans sa douche et vous prie de l'excuser ! ».

« Au contraire ! » lui dis-je – s'il savait comme aujourd'hui encore, je l'en remercie.

Avant de repartir, je fais un tour à la boutique du musée, à la recherche d'une éventuelle carte postale de cette installation d'Annette Messager, mais je n'en trouve pas. Je déambule quelques minutes au milieu des jeux pour enfants en hébreu et autres chandeliers juifs de designer, quand soudain là, sur un coin d'étagère à côté d'un ouvre-bouteille avec la tête de Theodor Herzl, un jeu de cartes Franz Kafka.

Dans une boîte cartonnée, un dessin cheap des années 1970 reprend la plus célèbre photographie de Franz, celle de l'homme du rêve et de la carte postale en noir et blanc. À l'arrière-plan, on voit Prague (le pont et le château), un peu sur la gauche, Milena jeune, une lettre écrite à la main, et en dessous la copie de la signature manuscrite, « Franz Kafka », de travers.

Deux fois 55 cartes à jouer, cœur pique carreau trèfle.

Tu veux jouer, alors jouons.

Je repars du musée avec le jeu entre les mains comme un grigri, je suis joyeuse comme si je venais d'accéder à la carte sur l'étagère de mon père, comme si le jeu commençait enfin.

Je me promets qu'à mon retour en France, je tenterai d'écrire à Annette Messager pour lui

Troisième jour, Tel-Aviv

demander si elle connaît Josefine, et lui raconter l'histoire du chant du gardien.

* * *

Il est une question que je n'ai pas osé lui adresser mais qui me brûlait les lèvres : ce rat mort, suspendu à Tel-Aviv, faisait-il signe vers la mort de masse, vers l'extermination des Juifs, vers un souvenir à l'envers, une mémoire en putréfaction ? Je crois en tout cas qu'il a suscité en moi des ondes qui affluaient vers cette béance-là.

Au milieu d'un trait qui relierait 1942 et 1944, l'année 1943 est un gouffre de séparation entre les histoires que je tente de raconter, une rupture dans le temps, dans l'espace, dans la vie, si totale qu'elle est difficile à saisir. Il le faut pourtant, car c'est dans ces trente-six mois, dans cet abysse qui sépare l'année 1942 de l'année 1944, que se tisse un nœud central sans lequel on ne peut pas comprendre la suite. Ce gouffre-1943, je ne pourrai ni le saisir, ni en comprendre tous les ressorts, mais j'en pourchasse les échos. Si j'imagine dessiner un trait, il faut gommer le milieu, ça fait comme un trou aveugle.

1942 en Israël : Max Brod, dans le rôle de l'émigré idéal, parle à la télévision dans un reportage sur le renouveau de la terre en Palestine. Plus sérieusement, il publie au printemps 1942 une nouvelle pièce de théâtre, une tragédie en quatre

J'irai chercher Kafka

actes sur le roi biblique Saül. Esther Hoffe travaille à la préparation de l'édition hébraïque de *L'Amérique* de Kafka au côté du traducteur. Leur vie n'est pas aisée, mais elle est. Sans doute commencent-ils, à la fin de 1942, au début de 1943, à s'aimer. Rue Spinoza, Esther accueille quelques chats des rues, ils sont maigres et miaulent, elle les nourrit.

1942 en Europe : Elli et Valli, deux des trois sœurs Kafka, ont été déportées quelques mois auparavant, en octobre 1941, dans le ghetto de Łódź, comme 5 000 Juifs de Prague. Après six mois de survie dans un ghetto comble, voyant arriver des transports de tout le Reich chaque jour, Elli et sa famille obtiennent un logement particulier au numéro 1 de la Gnesenerstrasse. Sa sœur Valli la rejoint. Nous savons par divers témoignages du ghetto que chacune des deux sœurs est tombée malade dès leur arrivée.

Alors que le ghetto devient une véritable machine de mort, celle de l'extermination commence dans ces mois de 1942 – les deux sœurs Kafka comptent parmi les premières victimes. Sous prétexte d'évacuation, 70 000 habitants du ghetto sont emmenés dans le camp voisin de Chełmno. C'est là que sont improvisées (et à ce moment-là « testées ») les premières installations d'assassinat par gaz, dans des camions dont on retourne les pots d'échappement vers l'intérieur, après y avoir enfermé les victimes.

Troisième jour, Tel-Aviv

Nous ne savons pas précisément si les deux sœurs Kafka périssent dans ces camions, à leur arrivée à Chełmno en mai 1942, ou au mois de septembre suivant, lorsque les livraisons de vivres ont totalement cessé dans le ghetto, conduisant les nazis à pratiquer des sélections sauvages et des assassinats par balle dans les rues. Alena Wagnerova, biographe de la famille Kafka, précise que, « selon les indications de l'Institut historique juif de Varsovie, ni Valli ni son mari, ni Elli ne sont plus signalés vivant dans le logement de la Gnesenerstrasse à partir du 10 septembre 1942 [1] ».

La troisième sœur Kafka, sa petite sœur Ottla que Franz a toujours préférée, et avec qui il entretenait un amour si fort, connaît en 1942 et 1943 une trajectoire un peu différente des deux autres. Elle a épousé avant-guerre un Tchèque non juif, Josef David. Mais le mariage, semble-t-il, n'est pas très heureux, et surtout, Ottla ne veut pas que son « identité juive » puisse nuire à son mari ou à ses enfants. Lorsque les statuts des Juifs sont publiés à Prague, avoir une épouse ou une mère dite juive est en effet passible d'arrestation. À l'inverse, son mariage avec un « aryen » la met, ou en tout cas met leurs enfants, un tant soit peu à l'abri. Elle décide toutefois de divorcer, pour éviter de les mettre en danger. Dans le mois qui suit le divorce, Ottla reçoit sa convocation pour le « transport » auquel elle a vu ses deux sœurs se soumettre avant elle. Le lieu de destination n'est pas le même : elle doit aller à Theresienstadt. Elle en franchit le seuil le 3 août 1942. Nous savons qu'elle travaille alors comme infirmière au Kriechlingsheim, foyer pour les jeunes enfants juifs orphelins.

À la mi-août 1943, un transport de 1 260 enfants arrive de Białystok dans un état lamentable. On raconte dans le camp qu'ils sont destinés à une action d'échange fomentée entre Eichmann et le grand mufti de Jérusalem, la rumeur dit même qu'ils sont les derniers enfants juifs survivants de Pologne. Les SS ont pour ordre de les remettre sur pied, de les loger isolément, à l'extérieur du camp, pour éviter les maladies, de les nourrir correctement et de les habiller dignement, en vue de l'échange. On réclame du personnel soignant, Ottla se porte volontaire et passe quelques semaines avec eux, dont elle témoigne joyeusement dans les derniers courriers. Nous ne savons pas précisément pourquoi ni à quel moment le projet d'échange de ces enfants, qui devaient émigrer en Palestine depuis Theresienstadt, a échoué. Toujours est-il que les enfants sont déportés à Auschwitz le 5 octobre 1943 lors d'une action secrète que les nazis appelaient « nuit et brouillard ». Les enfants ainsi que les soignants qui les entouraient sont tous gazés dès leur arrivée. Comme l'écrit pudiquement Alena Wagnerova : « la liste des parents et alliés de la famille Kafka qui ne survivent pas à la guerre est longue, celle des survivants est courte ».

Troisième jour, Tel-Aviv

Ces femmes, ces trois sœurs qui ont constitué une ronde autour de Franz, dans l'enfance, puis dans le désir et la douleur de vivre, disparaissent dans ce trou noir de trente-six mois, aspirées, assassinées, gazées, sans trace ni tombe, dans la violence nue du génocide. L'enfance de Kafka décimée, sans qu'il n'en sache jamais rien.

* * *

Une autre femme aimée est bientôt engloutie dans le gouffre. 1943 à Ravensbrück : Milena, détenue dans le camp depuis trois ans déjà, est de plus en plus malade. Elle a été arrêtée par la Gestapo le 12 novembre 1939 au cours d'une opération qui visait le groupe de résistance tchèque Obrana Národa (Défense de la nation) en raison de la diffusion d'une revue interdite *V boj* (*Luttons !*). Nous sommes sept mois jour pour jour après le départ de Max Brod. Transférée dans différentes prisons, d'abord à Prague puis à Dresde, Milena ne connaît pas le sort des victimes juives – elle ne l'est pas –, mais des résistants et, pire encore, des résistantes. Elle ne peut plus être soignée pour les rhumatismes extrêmement douloureux dont elle souffre. Elle est battue, torturée, privée de nourriture, déplacée sans jamais être informée. Mais elle conserve jusqu'au bout l'autorisation d'échanger quelques courriers, avec sa fille et son père.

J'irai chercher Kafka

Elle arrive au camp de Ravensbrück dès octobre 1940. Elle est d'abord affectée au bloc 74, celui des Tchèques, et reçoit le numéro 4714. Grâce à une codétenue communiste, Ilse Mach, elle obtient la possibilité de travailler à l'infirmerie du camp. Elle est alors transférée au bloc IB réservé aux « détenues assurant des fonctions », ce qui explique sans doute sa survie pendant ces trois longues années de déportation. Au bloc elle fait la connaissance de Margarete Buber-Neumann, une résistante intellectuelle qui écrit, comme elle, et qui a connu aussi le goulag.

Leurs regards se croisent dans tous les sens du terme : c'est un coup de foudre, et un croisement d'intelligences. Comme elle, Margarete tente de survivre en se plaçant dans une position d'observation et d'analyse. Ne pas seulement subir la faim la maladie les coups et les privations, mais se vivre comme le témoin d'un univers concentrationnaire à étudier. Margarete et Milena s'aiment et résistent par cet amour, elles passent des nuits à discuter et se donnent aussi une force physique. Corporelle. Sensuelle. Elles se tiennent par la main la nuit, racontera Margarete. Et lors de l'une de ces nuits clandestines, Milena demande à Margarete :

« Si je n'arrive pas à sortir vivante d'ici, pourrais-tu écrire ma vie telle que je te l'ai racontée ici ? Tu leur diras qui je fus, n'est-ce pas ? »

Le 29 mai 1944, Margarete est autorisée à timbrer la lettre que voici, à destination du professeur Jesensky, le père de Milena :

Troisième jour, Tel-Aviv

29 MAI 1944

Cher Professeur Jesensky,
Milena est morte le 17 mai à trois heures et demie du matin. Ses dernières pensées conscientes ont été pour vous et pour Honza [sa fille, *nda*]. Sa volonté de vivre était bouleversante, elle était capable de consoler tout le monde, et auprès d'elle, il était impossible de croire à la mort. Il est inconcevable qu'elle ne soit plus là.

Puis-je vous parler de Milena, de Milena à qui je dois les plus belles et aussi les plus tristes années de ma vie ? Personne n'a connu cette force de vie, ni éprouvé des sentiments d'une telle intensité, mais personne n'a connu d'aussi grandes souffrances. Milena avait compris la tragédie de notre génération, car elle savait réfléchir. Elle avait l'intention de mettre ces réflexions sur le papier, parce que depuis des années, elle se doutait qu'elle ne reverrait jamais la liberté, qu'elle n'arriverait pas jusque-là. Combien de fois a-t-elle dit : il faut encore que j'écrive un livre, le livre, il faut que je crée quelque chose d'éternel.

Par sa vie, Milena a créé de l'éternité.

Margarete Buber [2].

*
* *

À la fin de l'année 1944, soit vingt ans après la mort de Kafka au sanatorium de Kierling, l'une des femmes qu'il a sans doute le plus aimées et à qui il avait confié une partie de ses manuscrits, ainsi que ses trois sœurs, sont mortes assassinées sur le continent européen.

Max Brod a sauvé la quasi-intégralité des manuscrits de Kafka, dans sa seule valise, dans le dernier train, dans plusieurs bateaux, dans la douleur d'un exil brutal.

Il a déjà réussi à en faire publier une grande partie, malgré les difficultés financières, la censure et les autodafés.

À cette date donc, les feuilles de papier sur lesquelles Kafka écrivit jusqu'au dernier jour sont là, sur cette terre de Palestine dont il rêvait avec désir et dégoût à la fois. Elles sont entre les mains d'une femme qu'il n'aura jamais connue et qui devient pourtant ici le personnage principal de notre histoire, Esther Hoffe (qui signifie espoir, ça ne s'invente pas).

IV

Léguer Kafka

1947-1961, Palestine, Israël

Quatrième jour, Tel-Aviv

Un billet de Monopoly

Ma quatrième journée à Tel-Aviv commence, la lumière change d'un coup, de la douceur orangée du matin le soleil éclate et monte sans prévenir – cela renforce le sentiment que j'ai de me trouver entre deux temps, entre deux siècles. J'essaye d'imaginer le plus précisément possible cet après-guerre en Palestine, Max et Esther dans ce décor, tout en voulant ne perdre aucune miette du présent, de ce voyage qui me chamboule déjà.

Le seul trait d'union entre les temporalités, ce sont les manuscrits, c'est cette écriture, c'est la voix de Kafka que j'ai dans la tête comme une chanson qui ne vous quitterait pas.

J'ai rendez-vous avec un professeur de littérature allemande en poste à l'université de Tel-Aviv pour faire le point sur les recherches en cours ici, la présence ou l'absence de Kafka dans les mémoires et les thèses. Je marche pour m'y rendre, m'arrête

J'irai chercher Kafka

dans un café-librairie où de jeunes étudiants travaillent, ils ont les cheveux mauves et des fleurs sauvages orange poussent sur le toit intérieur, tout de taule bricolé. Le mélange entre une ambiance berlinoise et une faune d'Orient me saisit une nouvelle fois, je n'y comprends rien, me dis-je. Je paye et m'aperçois que sur le trottoir du café se tient un jeune homme barbu devant un petit parasol blanc, il harangue les passants, et donne à ceux qui s'arrêtent un châle de prière, une kippa et des tephillins pour qu'ils fassent une prière.

Sur un poteau en béton juste en face il est tagué « Oi oi oi », une expression yiddish bien connue et tout à fait intraduisible qui exprime une sensation située entre la douleur, la surprise et l'incrédulité. Cela me va très bien.

J'attends dans le bar où j'ai rendez-vous, le professeur n'arrive pas, il m'écrit pour me dire qu'il m'attend près de la fenêtre, je m'aperçois qu'il m'avait donné rendez-vous au Milano et je me suis rendue au Romano, je suis au mauvais endroit – mais où ici serais-je au bon endroit ? –, je quitte le bar et me dirige aveuglément vers la mer, j'arrive au niveau de l'hôtel Hilton. Je regarde la façade bouche bée : l'hôtel Hilton de Tel-Aviv est le décor du roman de Nicole Krauss *Forêt obscure*, que j'ai achevé de lire juste avant mon voyage. Je le reconnais au premier regard car dans le livre sont reproduites trois ou quatre images de l'immeuble en noir et blanc. Il surgit dans mon champ de vision

Quatrième jour, Tel-Aviv

comme une météorite car ce roman pose les trois questions qui me taraudent exactement ce jour-là, alors que l'après-midi laisse déjà place au soir sur la Tayelet de Tel-Aviv : dans quel régime de réalité suis-je ? Kafka va-t-il m'emporter dans sa folie ? Aurait-il pu être heureux en vivant ici ?

**

Nicole Krauss est née en 1974. Elle compte parmi les écrivaines américaines de cette génération les plus remarquées et les plus lues. En France c'est un roman intitulé *Histoire de l'amour*, une quête familiale, qui l'a consacrée. Lorsque *Forêt obscure* a été traduit en français, en 2018, une amie libraire me l'a offert en m'expliquant que c'était « tout à fait pour moi » et que j'allais voir, « c'était un livre sur Kafka en Israël », « tu sais qu'il avait le projet d'ouvrir un restaurant à Tel-Aviv ? »

Je le savais, oui, et j'ai commencé à lire le roman le soir même. À mon grand étonnement, le début exposait l'histoire d'un milliardaire américain du nom de Jules Epstein, qui venait de disparaître alors qu'il prenait ses quartiers d'été à Tel-Aviv. Il y avait bien un exergue de Kafka, mais l'histoire de ce milliardaire évaporé, pour tout dire, m'ennuyait. Après soixante pages, je l'ai laissé de côté.

En préparant mon voyage en Israël, devant l'insistance de plusieurs personnes à qui je parlais de mon projet de me rendre en Israël pour voir les manuscrits de Kafka (« tu devrais lire *Forêt obscure* ! »), je l'ai repris. L'histoire de cet Epstein m'ennuyait toujours autant mais je savais qu'il fallait poursuivre : j'ai poursuivi, et ai été éblouie par le début de la seconde histoire – celle qui voit surgir Kafka, mais bien plus loin dans le livre !

Dans un registre d'autofiction, Krauss entremêle l'histoire de ce milliardaire disparu avec celle, contée à la première personne, de Nicole, romancière américaine à succès. Nicole va bientôt avoir quarante ans et sa vie connaît un moment de crise : son écriture est en panne, son mariage en perdition, tout ce à quoi étaient arrimés son réel et son désir s'effrite, disparaît. Elle ressent alors des instants de trouble, proches de l'hallucination ou du délire : d'un coup, chez elle, elle a le sentiment de se trouver en même temps ailleurs, dans un autre endroit, dans une seconde dimension. Ce n'est pas comme dans une rêverie ou une évasion imaginaire, non, c'est pour de vrai. La réalité se dédouble. « En chair et en os, (je suis restée) exactement telle que j'étais sur le seuil de la cuisine, et cependant, ailleurs », insiste Nicole [1].

Peut-on rêver sa vie depuis un point précis, un lieu qui existe loin de nous mais avec nous dedans ?

Lorsque la romancière de *Forêt obscure* imagine cette hypothèse, elle découvre « sans équivoque que si elle rêvait sa vie de quelque part, c'était du Hilton de Tel-Aviv ».

Quatrième jour, Tel-Aviv

D'abord, explique-t-elle, parce que c'est un endroit qui a compté dans son enfance : c'est là que ses parents l'ont conçue, à la suite de la guerre du Kippour ; et, après leur émigration à New York, l'endroit où ils emmenaient chaque année Nicole et son frère, en vacances d'été. Elle y a un souvenir d'enfance particulièrement marquant : à la piscine de l'hôtel, son frère et elle s'amusaient à plonger pour récupérer des trésors dans l'eau. Elle guidait et lui plongeait. Il repêchait souvent des pièces d'or, qu'ils imaginaient échouées là comme dans une épave oubliée. Un jour, ne voyant absolument rien au fond de l'eau mais ne voulant pas décevoir son plongeur de frère, Nicole imagina un trésor au fond de l'eau, vers lequel elle le guida. Elle savait qu'il n'y avait rien mais elle avait décidé de faire semblant. Pleine de la culpabilité du mensonge, elle crut être devenue folle lorsque son frère refit surface avec dans la main une boucle d'oreille sertie de diamants et d'un rubis. Encore vêtus de leurs maillots de bain d'enfants dégoulinant par terre, ils s'empressèrent d'aller la montrer au bijoutier du hall d'hôtel.

C'étaient de vrais diamants.

Sa mère fit monter les diamants et le rubis sur un collier. Le collier, destiné à Nicole, fut déposé dans un coffre-fort, puis retrouvé par hasard à l'ouverture de ce coffre, vingt ans plus tard. Le père de Nicole lui avoua alors que c'était lui qui jetait les pièces au fond de la piscine. Mais il précisa aussitôt qu'il n'avait rien à voir avec la trouvaille de la boucle d'oreille.

La romancière en panne d'amour et d'inspiration se met donc à imaginer sa vie depuis le Hilton de Tel-Aviv, comme si elle n'en était jamais partie, comme si le temps avait imaginairement poursuivi sa course dans ce temple des souvenirs d'enfance. Mais l'hôtel cinq étoiles devient comme une prison mentale, elle n'arrive plus à se défaire de ce lieu qui l'obsède et dont elle ne peut rien faire, à part faire remonter ses souvenirs de piscine. Un jour, un cousin de son père qui vit en Israël lui téléphone. Elle lui fait part de cette obsession pour le Hilton, et il lui dit qu'il en a entendu parler récemment à la télévision car quelqu'un serait tombé du seizième étage, tué sur le coup. Nicole pense alors que ce sera le sujet du roman qu'elle tente d'écrire. Mais ce cousin la met en contact avec un chercheur qui veut la joindre, et absolument la rencontrer si elle vient à Tel-Aviv (ce qu'elle se décide rapidement à faire). Professeur de littérature, il a commencé sa carrière dans les renseignements. Il s'appelle Friedmann.

Friedmann a une mission pour Nicole (qui vient d'arriver à Tel-Aviv pour loger au Hilton). Il l'emmène devant un immeuble délabré et lui dit : « Je sais, d'après vos livres, que vous vous intéressez à Kafka. [...] Par conséquent, vous connaissez sans doute le sort de ses écrits après sa mort ? » Et alors que Friedmann lui raconte l'histoire des testaments

Quatrième jour, Tel-Aviv

trahis et de leur sauvetage, il explique à Nicole que la fameuse valise transportée par Max Brod a moisi pendant des décennies dans l'appartement d'Esther Hoffe, jusqu'à ce que le Mossad apprenne son existence et organise une mission pour l'exfiltrer. Le professeur Friedmann, associé à l'opération en sa qualité de professeur de lettres, a hérité de la valise, et veut désormais l'emporter dans le désert. Il souhaite que la romancière l'accompagne et qu'elle écrive l'histoire vraie et méconnue de la valise de Kafka.

Alors que progressent ces deux histoires parallèles (le milliardaire, sa fuite, la romancière, sa fuite), Nicole Krauss nous propulse dans la fiction, ou plutôt dans une autre réalité possible, à travers le récit du personnage de Friedmann. Elle manie brillamment un procédé d'emboîtement des histoires et des régimes de fiction : on ne sait plus ce qui est réel ni combien de réalités coexistent, et c'est cela le sujet du roman, me semble-t-il. Plus j'avance dans ma lecture, plus mon départ pour Israël approche, plus je me sens déstabilisée – c'est comme si Nicole Krauss inventait sous mes yeux la fiction contenue dans l'histoire vraie que j'ai alors le projet d'écrire. Je suis comme une enfant face à des poupées russes, qui se déboîtent et se déboîtent – en lieu et place de chaque poupée, il y a un monde possible, mais jusqu'où cela va-t-il aller ? Y a-t-il vraiment quelque chose au centre ?

J'irai chercher Kafka

L'histoire que raconte Friedmann dans le roman ressemble un peu aux théories semi-complotistes qui entourent la mort de certaines vedettes de la chanson, de 2Pac à Johnny Halliday. Kafka ne serait pas mort à Kierling en 1924. Il aurait été exfiltré dans le plus grand secret vers la Palestine grâce à ses amis Hugo Bergmann, déjà émigré là-bas, et Salman Schocken, son richissime éditeur. Installé clandestinement dans le quartier de Rehavia où vivaient alors de nombreux intellectuels européens, il aurait ensuite été transféré dans un kibboutz au nord du pays, près de la mer de Galilée, où il serait devenu jardinier. Il y nageait, selon les témoignages rapportés par Friedmann, une fois par semaine, loin et longtemps. Après être revenu à Tel-Aviv où il aurait pris le nom d'Anshel Peleg, il aurait déménagé plusieurs fois, hanté par la crainte d'être démasqué. En 1953, Schocken, son éditeur, aurait mis à sa disposition une jeep pour qu'il gagne le désert, où l'on aurait perdu sa trace.

La fiction est séduisante, bien que peu convaincante. Avant de m'envoler pour Israël, cette lecture me posait surtout la question du multivers. Si différents mondes possibles peuvent coexister, où est notre réalité ? Leibniz, au début du XVIIIe siècle, donne à cette question une réponse théologique : Dieu a conçu plusieurs univers possibles, mais celui dans lequel nous vivons notre vie est le meilleur possible, car il a été choisi par Dieu.

Quatrième jour, Tel-Aviv

Parmi les deux hypothèses sur l'existence de Kafka après 1924, et dans un monde sans Dieu, laquelle pourrait être la meilleure ? Un Kafka mort à quarante ans en Europe, devenu célèbre ensuite, qui a ignoré l'assassinat de ses sœurs et la destruction de sa culture d'origine, mais dont l'œuvre a été sauvée par l'exil, par l'amitié, par l'amour, et malgré le pipi de chat ? Ou un Kafka exfiltré en Palestine, survivant, devenu jardinier, mort seul dans le désert ?

Je crois que je préfère la première – pour une fois, je préfère la réalité à la fiction.

En débouchant par le plus grand des hasards de ma pérégrination dans la ville, en cette fin d'après-midi, juste en face de la façade imposante et laide de l'hôtel Hilton de Tel-Aviv, je repense à l'une des scènes saisissantes du roman de Nicole Krauss, où elle imagine l'ombre de Franz dans les replis des rideaux de sa chambre, au seizième étage. Je fixe l'édifice, je compte jusqu'à seize, je ferme les yeux, j'essaye de composer mentalement la silhouette, le chapeau, la bouche, je dessine ses yeux, je revois la carte postale du bureau de mon père et grâce à une forme d'éblouissement créée par le soleil sur la mer, je colle les deux images. Je propulse l'homme en noir et blanc sur ce balcon de Tel-Aviv.

Je découpe l'image de cet homme dans mon souvenir d'enfance et, comme dans un jeu de pâte à modeler, je l'écrase ici, dans le présent de mes trente-cinq ans, dans ce pays qui me fait peur mais où je suis venue dans l'espoir de pouvoir, enfin, le rencontrer – inventer le verso de la carte postale.

Ce sont deux mondes qui coexistent, Nicole Krauss a raison, Kafka nous catapulte dans le multivers. Venir chercher Kafka ici, en Israël, est comme chercher le chemin qui relierait deux réalités parallèles, une impossible ligne perpendiculaire entre deux droites.

* *

1945 : alors que la guerre se termine en Europe, les nouvelles qui arrivent à Max Brod en Palestine sont inaudibles. Son frère a été assassiné à Auschwitz. Cette déchirure vient ponctuer la tragique série des morts qui l'entourent depuis celle de Franz : le suicide de son ami Stefan Zweig, la mort de sa femme Elsa. Brod est seul, terrassé. Lui qui s'acheminait vers une philosophie théologique voit ses repères sapés.

Les manuscrits de Kafka prennent une valeur indicible : ils sont les rescapés d'un passé dont Max comprend qu'il a été littéralement détruit, saccagé, englouti par la guerre. Ils deviennent les seuls liens (comme les cordes d'un bateau qu'on amarre dans la tempête) entre cette vie d'avant et ce présent trouble, solitaire.

Ils sont tout ce qui lui reste.

Ils sont les seules traces, papiers-fossiles du monde d'hier.

Quatrième jour, Tel-Aviv

Esther le comprend – bien qu'elle n'ait pas connu Kafka, elle vit elle aussi ce moment d'éclatement des possibles, cette disparition du passé européen et ce présent à reconstruire ici, si loin. Tous deux connaissent aussi, c'est inévitable, la sourde culpabilité des survivants. Leur liaison s'arrime sans doute à ces trois rivages, le deuil, la culpabilité, la nostalgie d'un monde éteint. Dans ces années d'immédiat après-guerre, 1945 et 1946, leur histoire prend une autre dimension. Max est seul, il passe son temps avec Esther : chez lui la journée, et chez Esther, son mari et leurs filles le soir, pour écouter la radio ou les emmener au concert.

Les manuscrits deviennent leurs alliances. Les pattes de mouche de Kafka forment deux cercles qu'imaginairement, ils s'enfilent l'un et l'autre ; ils scellent un pacte, une promesse ou un serment, « pour le meilleur et pour le pire ».

Et comme tout mariage, cette union a besoin d'une forme d'état-civil : il faut un acte de mariage. En 1945, Max fait le premier don écrit à Isle Esther Hoffe :

> Je vous donne, chère Esther, tous les manuscrits et les lettres de Kafka en ma possession.

De façon un peu moins romantique que moi, d'autres diront que ce premier don équivaut aussi à une forme de disposition financière : Max Brod, employé de théâtre et journaliste précaire, n'a pas

J'irai chercher Kafka

suffisamment de revenus à cette époque pour pouvoir rémunérer Esther, qui travaille pour lui à plein temps à ordonner et à continuer d'éditer les manuscrits.

L'un n'empêche pas l'autre – le fait est que ce premier don est signé par Max Brod, contresigné par Esther. Il est légal et semble incontestable. C'est un don du vivant. Max le réitère sous une forme plus légaliste encore deux plus tard, le 22 avril 1947 en écrivant :

> Les lettres que Kafka m'a envoyées, qui toutes m'appartiennent, sont la propriété de Mme Hoffe.

Il s'agit alors, notons-le, uniquement des lettres.

***

L'Histoire et son calendrier de révoltes, de guerres interminables, de victimes et de réfugiés, revient alors hanter le parcours des manuscrits – le terrier de Max et Esther. Je suis surprise de n'en trouver quasiment aucune mention dans la documentation avec laquelle je travaille, alors que le chevauchement des dates me semble indéniable. Au moment où Max et Esther signent ce don du vivant, la situation diplomatique en Palestine se dégrade et les rues s'embrasent au point que les soldats britanniques (qui en assurent encore la sécurité puisque la Palestine reste à cette date sous

Quatrième jour, Tel-Aviv

mandat britannique) n'arrivent plus à la contrôler. L'immigration juive se développe depuis l'entre-deux-guerres, et plus encore depuis la fin de la Seconde Guerre mondiale. La population arabe vivant en Palestine redoute ces arrivées et les perspectives sionistes qui les accompagnent.

Les Anglais jouent un jeu trouble, faisant des promesses contradictoires aux Juifs d'une part, aux Arabes d'autre part. Censés assurer la paix, ils participent à un envenimement croissant des relations. Depuis 1944, personne ne peut plus ignorer la destruction des Juifs d'Europe : les revendications sionistes en sont renforcées, radicalisées, et elles sont entendues différemment par la communauté internationale. Les luttes se tendent, d'un côté et de l'autre. Début 1947, la violence gagne les rues de Jérusalem, à Jaffa l'atmosphère se dégrade. Le 28 avril 1947, six jours après que Max a signé au bas du document de don, une commission spéciale des Nations unies sur la Palestine voit le jour, composée de onze émissaires de onze États membres et présidée par un juriste suédois. Elle a pour but « d'enquêter sur toutes les questions touchant le problème de la Palestine et de recommander des solutions que l'Assemblée examinerait ».

Le 10 juillet 1947, un vieux navire du nom de *Président Warfield* quitte le port de Sète, dans le sud de la France. Il compte à son bord 4 500 immigrants juifs clandestins, tous rescapés de la Shoah, décidés à gagner la Palestine. Le

J'irai chercher Kafka

18 juillet, il est arraisonné par cinq navires de guerre britanniques. Un nouveau nom apparaît alors, *Exodus 1947*, et l'équipage hisse le drapeau sioniste. Après avoir été éperonné (deux morts et une centaine de blessés), les passagers doivent descendre à Haïfa et sont embarqués sur trois bateaux cages pour être renvoyés à leur point de départ, où ils sont débarqués de force et internés dans des camps de transit. « From lager to lager, till when ? » lit-on sur une banderole de protestation [2].

L'affaire de l'*Exodus* fait grand bruit, émeut la communauté internationale et éveille les consciences quant au « problème » de ces Juifs rescapés d'un monde disparu, sans patrie et désireux d'avoir un lieu à eux.

Max et Esther sont des témoins de premier ordre de ces journées historiques. Bien sûr, c'est à Jérusalem que l'intensité de l'événement se concentre, mais Tel-Aviv est si proche. Eux, les rescapés venus ici chercher la survie, comment vivent-ils ce retour de la guerre ? Alors que 1947 s'achève dans le sang, 1948 commence dans une succession d'explosions – explosion de joie à la déclaration d'indépendance, explosion du feu au moment où « la guerre de 1948 » les surprend, terrifiante comme un éclair.

Il est difficile d'écrire sur ce conflit, car il dure toujours. Pour appréhender Israël aujourd'hui, il est nécessaire de se forger ce que j'appellerais une chronologie interne du conflit. Chronologie, car il faut avoir les dates en tête. Interne, car c'est en soi

Quatrième jour, Tel-Aviv

qu'on grave ces repères, petits cailloux de compréhension toujours fragiles. Chacun détermine les contours et les sources de cette chronologie en fonction de ses besoins propres. Je me suis forgé pour ma part cette chronologie en lisant. Un livre m'a particulièrement aidée. Intitulé *Une histoire d'amour et de ténèbres*, écrit par le grand écrivain israélien Amos Oz en 2002, il retrace l'histoire de la Palestine du point de vue des émigrés européens, dont faisait partie sa famille. C'est un regard subjectif, évidemment, il provient d'un enfant d'une famille juive, c'est important de le souligner. Mais il reste pour moi un gouvernail car Amos Oz a été toute sa vie, ardemment et authentiquement, engagé pour la paix.

Alors aujourd'hui, pour me représenter comment Max et Esther ont pu vivre ces journées de 1947 et de 1948, je le ressors de ma bibliothèque. Les parents d'Amos venaient de la même Europe, du même monde intellectuel ashkénaze, et ils sont arrivés comme Max et Esther juste avant la Shoah. En rouvrant le livre il en tombe un petit marque-page aimanté, en noir et blanc, un peu abîmé ; sur une face il est écrit « en un certain sens, le bien est monotone », sur l'autre on voit le visage de Franz Kafka jeune. Je suis émue de le retrouver là, le mets de côté et commence à chercher dans le livre la description de la nuit de la déclaration d'indépendance. Nous sommes le 29 novembre 1947.

J'irai chercher Kafka

La foule se mit à tourner lentement sur elle-même comme si elle était malaxée dans une gigantesque bétonnière, il n'y avait plus d'interdits, je sautai dans mon pantalon, négligeant chemise et pull, et passant de main en main j'atterris sur les épaules de papa. Mes parents étaient là, enlacés, tels deux enfants perdus dans la forêt – jamais je ne les avais vus ainsi, ni avant ni après cette nuit-là [3].

Comment Max traverse-t-il cette nuit-là ?

Rien ne peut nous le dire aujourd'hui, hormis, sans doute, son journal intime – et l'histoire des manuscrits, à nouveau trimballés et chahutés par les mouvements de la guerre et de la paix.

La seule chose que nous savons avec certitude, c'est que fin 1947 Max et Esther se rendent ensemble dans une banque de Tel-Aviv (une banque tout ce qu'il y a de plus quelconque) et demandent à louer trois coffres-forts en sous-sol. Ils veulent mettre des dossiers en sécurité. Ils réitèrent cette opération quelques mois plus tard, en 1948, dans une autre banque où ils louent d'autres coffres. Ils dispersent leurs trésors, ne mettent pas leurs œufs dans le même panier.

Le 24 mars 1948, Max Brod rédige un premier testament. Il fait d'Esther Hoffe son unique héritière et exécutrice testamentaire, sans faire mention explicitement des manuscrits de Kafka.

Le vendredi 14 mai 1948, le mandat britannique prend fin et les troupes quittent la Terre

Quatrième jour, Tel-Aviv

sainte. À 16 heures, soit huit heures avant la fin officielle du mandat, la naissance de l'État hébreu est proclamée à Tel-Aviv, par David Ben Gourion, alors président du Conseil national juif.

Le 15 mai 1948, le lendemain, afin de soutenir les Palestiniens et par crainte que l'État d'Israël ne menace l'équilibre régional, les armées égyptienne, syrienne, irakienne, jordanienne et libanaise déclarent la guerre à Israël [4].

Ça recommence : Max Brod vit désormais à nouveau dans un pays en guerre, et ce, pour les vingt années qui lui restent à vivre. Le don à Esther est confirmé et même étendu au cours de ces années : en 1952 il établit, après l'avoir convoquée dans son bureau, une liste extrêmement précise du fonds Kafka qu'il lui donne [5]. Elle contresigne cette liste en écrivant dans la marge, en allemand, « Ich nehme dieses Geschenk an », j'accepte ce cadeau. Ils vont ensemble déposer ce document dans les coffres.

En 1956, la crise de Suez fait craindre une reprise immédiate, violente et menaçante du conflit. Cette fois, les coffres-forts ne suffisent pas à apaiser l'angoisse de Max au sujet des manuscrits. Tel-Aviv, qui était leur refuge contre le feu en Europe, devient à son tour un lieu possible de destruction. Max est trop âgé pour faire le trajet inverse, mais il organise l'ouverture des coffres. Esther et lui font un alors un étrange tri, afin que les documents les plus précieux soient transférés dans une banque suisse, à Zurich.

Une partie des manuscrits fait le voyage dans l'autre sens, les pointillés repassent sur la carte, cette fois le trajet est direct : Tel-Aviv-Zurich. Kafka revient sur le sol européen.

Loin des trains et bateaux clandestins qu'ils ont connus dans les années 1930, les papiers voyagent maintenant en avion et regagnent leur continent natal en quelques heures à peine. D'une valise élimée nous sommes passés à des coffres métalliques, cadenassés, renforcés.

Le fonds Kafka de Max se disperse. Il fait sa diaspora.

Selon les inventaires des coffres, ceux restés à Tel-Aviv et ceux envoyés à Zurich, il semblerait que Max ait souhaité garder auprès de lui les lettres que Kafka lui avait adressées personnellement, ainsi que ses carnets d'hébreu. Les manuscrits originaux des romans ou du Journal, trésors dont il pensait sans doute qu'ils ne lui appartenaient pas *à lui*, ont été mis en sécurité à Zurich. La valeur littéraire (devenue aussi financière) est distincte de la valeur affective. Une frontière se trace, une ligne, deux colonnes – et Max semble bien se poser la question de l'appartenance. Il ne s'octroie pas Kafka, il le trie, le répartit, le protège.

En 1961, quelques jours avant de s'atteler à l'écriture de son testament, Max Brod organise un dernier transfert : tous les manuscrits qui étaient

Quatrième jour, Tel-Aviv

sous coffre aux noms des sœurs Kafka, mortes assassinées il y a presque vingt ans maintenant – l'héritage familial, en somme –, sont envoyés à la Bodleian Library d'Oxford. C'était le souhait du seul ayant droit « de sang », le fils de l'une des nièces de Kafka, associé à un projet de recherches mené à Oxford par le grand germaniste Malcolm Pasley. Jusqu'à ce jour, un important fonds Kafka se trouve dans cette Bibliothèque qui ressemble à une cathédrale [6].

* * *

Le 7 juin 1961, Max Brod, veuf et sans enfants, rédige son dernier testament en allemand, et le fait traduire en hébreu par son avocat. D'une part, il y désigne (pour la troisième fois consécutive) Esther Hoffe comme seule exécutrice testamentaire et lui lègue tous ses biens. Mais d'autre part, au paragraphe 11, il réclame qu'après sa mort sa succession littéraire soit confiée « à la bibliothèque hébraïque de Jérusalem, la bibliothèque municipale de Tel-Aviv ou d'autres archives publiques d'Israël ou à l'étranger […]. L'héritière décidera du choix des institutions, et des conditions ». Il précise un peu plus loin que les droits d'auteur reviendront aux deux filles d'Esther Hoffe, Eva et Ruth.

Le moins que l'on puisse dire, c'est que Max Brod a déjà été plus précis.

J'irai chercher Kafka

En trois lignes, il donne une information contredisant les déclarations testamentaires qu'il vient d'écrire au préalable (Esther est la seule héritière, mais ses archives pourraient revenir à des institutions…) ; et il ouvre, pour ce qui est des institutions en question, au moins quatre possibilités, qui vont du plus déterminé au plus vague. Il cite deux bibliothèques existantes en Israël, ce qui ouvre déjà un conflit potentiel ; avant de généraliser à toute institution publique en Israël, puis… au monde entier. Autrement dit, ses archives pourront aller n'importe où, pourvu qu'Esther en décide.

∗
∗ ∗

Il y a en Israël une certaine idée de la mer, me dis-je alors que je regarde le soir tomber sur la Méditerranée, toujours aimantée à l'hôtel Hilton. Ici, elle est totalement domptée par l'homme, le front de mer est bétonné, la plage semble presque fausse, l'eau ne donne pas vraiment envie. On aperçoit d'ailleurs plus de baigneurs dans la piscine de l'hôtel Hilton que dans la mer à cette heure-ci. Tel-Aviv est une ville de fête et de plaisirs. Mais le plaisir ici a le goût de ceux qui sont venus d'ailleurs et ont tous une histoire d'exil à vous raconter. Le plaisir ici est celui de brûler sa vie.

Hors de Tel-Aviv, la mer, c'est aussi la mer Morte, diamétralement opposée car sauvage et

Quatrième jour, Tel-Aviv

même dangereuse. La mer où l'on flotte, et où je n'ai pas le temps de me rendre, à mon grand regret. Pourquoi dit-on qu'elle est morte ? La mer, au milieu du désert, peut-elle vraiment mourir ?

Je dois rentrer chez Judith, tout à fait de l'autre côté de la ville. Je prends un taxi, bavarde avec le chauffeur, il me raconte que sa famille, arrivée du Maghreb, est passée par la France sur son trajet de migration. Il rêve de revoir Paris et espère que je l'emmènerai voir la tour Eiffel. En arrivant rue Lamartine je lui laisse un pourboire assez important, lui demandant de ne me rendre que 50 shekels sur les 100 que je lui tends. Dans la nuit désormais toute noire, il me met dans la main un billet vert et nous nous quittons dans un éclat de rire chaleureux, à bientôt, en haut de la tour Eiffel.

Je dois partir le lendemain pour Jérusalem en train. Il me faut donc donner quelques sous à Judith pour les repas et le gîte, comme cela était convenu. Je lui tends le billet vert rendu par le chauffeur, elle le fixe, fronce les sourcils, « mais Léa, c'est un faux !! »

Je le regarde de près, ça saute aux yeux, c'est pire qu'un faux billet, c'est un billet de Monopoly.

Un peu humiliée de m'être fait berner telle une touriste de première catégorie, sans m'en être aperçue, et alors même que je pensais naïvement avoir partagé un moment assez joyeux avec ce chauffeur de taxi, je ressors dans la nuit pour retirer de l'argent. Puis je m'endors en me demandant quoi faire de ce billet vert : le jeter à la poubelle ? Je ne m'y résous pas, quelque chose résiste – en fait j'ai envie de le garder. Sans trop comprendre en quoi, j'ai l'impression que ce bout de papier trompeur est comme le fétiche de mon séjour ici. Je suis venue voir des bouts de papier, après tout. Et questionner à travers eux la valeur d'authenticité.

Dans mes rêveries d'endormissement, je revois la piscine de l'hôtel Hilton et les souvenirs d'enfance de Nicole Krauss : les pièces au fond de l'eau étaient fausses, elles aussi, puisqu'elles étaient déposées là en cachette par son père. Mais au moins, les diamants et le rubis de la boucle d'oreille étaient des vrais. La question de l'authenticité est posée par Kafka lui-même, qui ne cesse de nous trimballer entre ses rêves et ses cauchemars.

Et si Kafka continuait ainsi de me provoquer ?

Tu veux jouer ? Au Monopoly maintenant ? Alors jouons.

***

Le 20 décembre 1968, Max Brod s'éteint dans une chambre de l'hôpital Beilinson, dans la banlieue de Tel-Aviv. Deux femmes se relaient depuis des jours à son chevet, Esther la journée, sa fille Eva la nuit.

Elles organisent ensemble les funérailles de Max. L'une perd l'homme qu'elle aime secrètement

Quatrième jour, Tel-Aviv

depuis vingt-six ans, l'autre perd son deuxième père. « Tu sais, ma petite Eva, je ne veux pas vivre plus vieux que Goethe ! » lui aurait confié Max, paternel, souriant, avant de mourir.

L'histoire continue sans Max.

V

Les procès Kafka

1968-2019, Israël, Suisse, Allemagne

Cinquième jour, Tel-Aviv-Jérusalem

Si vous aviez des Picasso

Après la mort de Max Brod, en cette toute fin des années 1960, Esther s'isole dans une solitude mélancolique. Elle a soixante-deux ans, elle est endeuillée par la double disparition de Max et d'Otto, son mari. Elle est nostalgique, aux prises avec le non-sens d'une vie d'éternelle émigrante ; une vie éclatée, une vie dans son terrier de la rue Spinoza. Toujours le même rez-de-chaussée, de moins en moins entretenu, de plus en plus envahi par les chats (ceux qu'elle adopte, ceux qu'elle nourrit, ceux de la rue qui désormais se passent le mot : ici on trouve des croquettes par terre).

Esther n'a jamais gagné beaucoup d'argent. Max, de son vivant, prenait en charge les frais essentiels. Depuis sa mort, il faut se débrouiller autrement. L'héritage ? Il est symbolique. Kafka est à présent un écrivain majeur, dans le monde entier. Orson Welles a déjà adapté *Le Procès* en un film qui continue d'être diffusé dans les salles de cinéma en Allemagne, en Italie, et en France (Romy Schneider joue le rôle de Léni, Jeanne Moreau est Mademoiselle Bürstner). À Prague, dans sa ville natale, l'année de la mort de Brod fut aussi celle du printemps de Prague, où le socialisme tenta de se métamorphoser un peu, avant que la censure, les procès et l'épuration ne reprennent de plus belle. Cette année-là le cinéaste tchèque Jan Švankmajer réalise un court-métrage surréaliste intitulé *L'Appartement*, dans lequel un homme tente de vivre sa vie ou de s'enfuir, voyant qu'une main vient en permanence sortir du mur pour pointer son doigt sur lui. Dans le dernier plan, l'homme écrit sur un mur plein de graffitis, comme celui d'une cellule de prison : Joseph K.

En France paraît en cette année 1968 *Kafka par lui-même* de Klaus Wagenbach, dans la célèbre collection du Seuil « Écrivains de toujours ». Franz est entré dans le temps du « toujours », il a gagné le combat contre la finitude, ses textes peuvent désormais prétendre à une forme de persistance ou d'éternité.

Or la persistance, l'éternité, tout cela a un prix. C'est un patrimoine immatériel qui acquiert alors une certaine matérialité. La valeur des manuscrits se monnaye, s'échange, fluctue, ça trace des courbes comme à la Bourse. Ce ne sont pourtant que des bouts de papier, faits d'une matière identique à celle des billets de banque (les faux et les

Cinquième jour, Tel-Aviv-Jérusalem

vrais !). Des 50 shekels de Monopoly aux carnets lignés de Kafka, qu'ils soient entassés au milieu des chats ou enfermés dans des coffres-forts, la valeur d'échange varie, mais l'odeur, le contact des doigts qui saisissent les coins en évitant de froisser, tout cela est commun. Il y a cette chanson écrite par Gainsbourg, que j'aime tant, « Les petits papiers ». Régine la chante pour la première fois en 1965, trois ans avant la mort de Max :

>Laissez parler les petits papiers
>À l'occasion, papier chiffon
>Puissent-ils un soir, papier buvard
>Vous consoler
>Laissez brûler les petits papiers
>Papier de riz ou d'Arménie
>Qu'un soir ils puissent, papier maïs
>Vous réchauffer
>Un peu d'amour, papier velours
>Et d'esthétique, papier musique
>C'est du chagrin, papier dessin
>Avant longtemps
>Laissez glisser, papier glacé
>Les sentiments, papier collant
>Ça impressionne, papier carbone
>Mais c'est du vent

Les papiers de K. voltigent au milieu du chagrin d'Esther, et au tout début de 1970, le 20 rue Spinoza devient une marge du monde. Eva, la fille, vient d'avoir trente-sept ans. Elle aussi traverse une période difficile : Otto, son père, est mort quelques mois avant Max, elle est doublement orpheline et célibataire. Jusque-là, elle enseignait la musique aux enfants, après avoir étudié la musicologie à Zurich (elle n'était revenue en Israël, où elle n'avait jamais aimé vivre, que parce que son père était malade et inquiet à l'aube de la guerre des Six Jours, en 1967). Après ce double deuil, elle n'a plus le goût d'enseigner, et passe son temps au café Kassit, entourée de jeunes intellectuels et poètes bohèmes qu'elle aime, mais dont elle sait n'avoir aucunement le talent [1].

Elle est désœuvrée, a besoin de gagner sa vie, un ami la recommande auprès de la compagnie aérienne El Al. En 1969, elle est embauchée pour être hôtesse au sol. Elle ne parcourt pas le monde mais écoute les moteurs des avions, comme une autre musique d'enfance. Elle fait vivre sa mère sur ce petit salaire. Elle l'aime plus que tout, elles vivent en fusion, Eva est revenue dans l'appartement où elle a grandi.

Elles vivent toutes les deux rue Spinoza et, dans cette atmosphère triste, elles accueillent de plus en plus de chats.

Il faut se représenter que les chats des rues sont partout en Israël. Sauvages, ils sont rarement domestiqués (les Israéliens préfèrent les chiens), souvent rejetés, objets de dégoût car traînant dans les gouttières et les détritus. On raconte, pour expliquer leur nombre, que les Anglais ont fait

Cinquième jour, Tel-Aviv-Jérusalem

venir volontairement des milliers de chats par bateau, du temps du mandat britannique, afin de traquer les rats (avant, bien avant qu'Annette Messager ne les empaille). Leurs descendants félins seraient aujourd'hui aux alentours de deux millions dans le pays, soit un chat de gouttière pour quatre habitants – un record mondial. À Jérusalem, leur concentration est estimée à deux mille félins sauvages au kilomètre carré. Tel-Aviv n'est pas loin.

Esther Hoffe n'est pas la seule à les nourrir en leur laissant des croquettes, c'est même un poncif : ici comme ailleurs, les vieilles dames nourrissent les chats. Aujourd'hui encore, à Tel-Aviv, il n'est pas rare, si vous marchez sans regarder vos pieds, de trébucher en cognant une gamelle laissée au coin d'une rue, vous répandez alors des croquettes sur tout le trottoir, petits cailloux bruns qui disparaîtront dans le quart d'heure qui suit.

J'ai lu pendant le confinement un article expliquant que ces gamelles laissées aux coins des rues, associées à l'arrêt des activités humaines, avaient eu en Israël des conséquences sanglantes. Dans le nord du pays, au mois de février 2021, un groupe de chacals a mordu neuf personnes dans et autour de la ville côtière de Nahariya. Les spécialistes attribuent leur présence, nouvelle pour des animaux sauvages qui craignent habituellement l'être humain, à l'augmentation des ordures, en particulier la nourriture laissée aux chats des rues, dont ils ont commencé à se nourrir aussi [2].

J'irai chercher Kafka

L'écho est troublant avec une courte nouvelle de Kafka intitulée « Chacals et Arabes », qui fera partie des pièces à conviction dont les protagonistes et observateurs des procès s'empareront[3]. Écrit au tout début de l'année 1917, c'est un texte étonnant, dont la structure narrative fait penser à « La Colonie pénitentiaire » : un voyageur « venu du grand Nord » traverse le désert et s'arrête un soir pour camper dans une oasis quand il est assailli d'un côté par un Arabe « haute et blanche silhouette », on imagine un Bédouin, de l'autre par une horde de chacals. L'un des chacals s'approche alors du voyageur : il « s'insinue par-derrière, tout contre lui » et se met à lui parler. Il lui explique alors que les chacals l'attendent ici « depuis un temps infini ». Cela ne manque pas de le surprendre, car il s'est arrêté ici par hasard. Mais bon, maintenant qu'il est là, il veut bien les entendre…

Il est attendu ici car les chacals ont besoin d'un médiateur dans un conflit « qui divise le monde » depuis un temps lui aussi infini. Ici, dans le désert, ce conflit les oppose eux, chacals, aux Arabes qui y vivent aussi. Le motif du conflit concerne non pas la terre, mais « la pureté », et à vrai dire, on ne le comprend pas tout à fait. Il est question de sang, d'égorgement des animaux, de découpe de la carcasse, du statut des charognes (qui intéressent évidemment les chacals au plus haut point). Les chacals suggèrent dans un premier temps d'égorger les Arabes avec des petits ciseaux rouillés, et de

Cinquième jour, Tel-Aviv-Jérusalem

« prendre leur sang ». Les Arabes, qui jusque-là se contentaient de les fouetter mais disaient les aimer, proposent alors de leur donner un chameau à dévorer – ce qu'ils font, charognards de leur espèce. Finalement, le voyageur du Nord se garde bien d'intervenir et repart après les avoir observés au milieu des « mares de sang fumant », disant à son compagnon (à moins que ce soit à un Arabe ? ou à son lecteur ?) : « étranges bêtes, pas vrai ? Si tu savais comme ils nous haïssent ! »[4].

Les commentateurs ont fait de ce texte une parabole sur le rapport de Kafka au sionisme, et même, au conflit qui ne s'appelait pas encore « israélo-palestinien ». Dans la notice de sa récente traduction en Pléiade, Jean-Pierre Lefebvre est selon moi celui qui résume le mieux cet historique d'interprétation, et son caractère finalement vaporeux, indécidable. « On a tourné et retourné les hypothèses assignant aux parties qui se font face une fonction de représentation qui ferait système avec un fond personnel (de Kafka) : Kafka serait à la fois l'Arabe (le Sémite, le Juif) et le chacal (l'ennemi d'une certaine judéité), à moins que le voyageur n'intervienne dans un conflit plus extérieur opposant les Arabes sionistes aux chacals assimilationnistes, ou bien encore que les chacals ne soient une figure des humbles Juifs de l'Est hostiles aux arrogants Juifs occidentaux en voie d'assimilation complète. Toutes les combinaisons ont été essayées, et toutes comportent une large part d'autoréfutation[5]. »

J'irai chercher Kafka

Kafka, comme toujours, s'emploie à brouiller les pistes. Il utilise des symboles gros comme des maisons, des mots qui clignotent, les chacals, les Arabes, le sang, mais rien ne tient la route. C'est l'inverse d'une fable d'où émergerait une morale, au lieu de nous guider, il nous égare – nous aussi – au milieu du désert. L'image qui reste, c'est ce chacal qui parle, son souffle chaud et son haleine pleine du sang fumant des charognes.

Kafka envoya cette histoire, avec quelques autres, au philosophe et directeur de revue Martin Buber en 1917. Buber la retint ainsi que « Rapport pour une académie » pour les publier ensemble dans sa revue *Der Jude*. Il proposa à Kafka de les rassembler sous le titre « Paraboles » (*Gleichnisse*). Le 12 mai 1917, Kafka lui répondit une phrase que j'aime infiniment et qui, si cela existe, résume pour moi tout Kafka :

> Je vais être publié dans *Der Jude*, chose que j'avais toujours considérée comme impossible. Je vous demande de ne pas nommer ces récits paraboles, ce ne sont pas à proprement parler des paraboles. Si vous voulez un titre pour les deux, alors peut-être : « Histoires d'animaux ».

Les chacals rôdent toujours, ils volent les croquettes des chats errants, mordent aujourd'hui les touristes – et je me dis que Kafka aurait pu l'écrire, cette histoire contemporaine.

Cinquième jour, Tel-Aviv-Jérusalem

* *
*

En 1970, Esther et Eva décident de s'emparer du seul pactole disponible. Pour subvenir à leurs besoins elles vont revendre quelques-uns des manuscrits de Kafka. Pas tous, ah ça non, mais une ou deux pièces précieuses, après tout, les chercheurs en feront bon usage, après tout Max les lui a confiés, après tout elle sait ce qu'elle fait. La mère et la fille imaginent un petit système marchand : si on les met aux enchères dans des grandes maisons en Europe, pour ne pas se ruiner avec les assurances, Eva les enveloppera et les glissera dans les coffres à bagage des avions de ligne El-Al, dont elle contrôle les chargements. Elle n'est presque jamais fouillée à la sécurité : elle est hôtesse !

En 1971 a lieu la toute première vente, à Hambourg. Vingt-deux lettres et cartes postales de Kafka à Max Brod sont vendues aux enchères pour la somme de 90 000 deutschemarks allemands (41 100 €).

Les petits papiers repartent pour l'Allemagne, puissent-ils un soir, papier buvard, vous consoler.

* *
*

C'est mon dernier matin à Tel-Aviv. Avant de regagner la gare pour me rendre à Jérusalem, je dois rejoindre le quartier des affaires, non loin du

J'irai chercher Kafka

bord de mer, et trouver la tour Lincoln. J'ai rendez-vous avec Shmulik Cassouto, avocat. Il fut le défenseur désigné par l'un des tribunaux pour représenter les biens d'Esther et Eva Hoffe. Il n'est pas à proprement parler l'avocat des Hoffe (elles en changèrent une dizaine de fois au cours des longues années de procédures). Disons qu'ils ne se sont pas choisis, elles et lui. Mais il fallait quelqu'un pour représenter leurs biens, et c'est lui, alors jeune avocat en vue, qui fut désigné en 2009. « J'étais en vacances à Eilat lorsque j'ai reçu un mail, avec un article en pièce jointe consacré aux rebonds dans les procès-Kafka. L'affaire semblait intéressante, complexe, très médiatisée. J'étais un jeune avocat, vous savez. Je n'ai pas beaucoup hésité. »

Après bien des difficultés à trouver la bonne entrée, je monte au vingt-troisième étage d'un gratte-ciel très new-yorkais, et j'ai l'impression de me retrouver dans une série télévisée – quelque part entre *Mad Men* et *The Good Wife*. À l'entrée trône une grande plaque argentée, le nom « Cassouto and Co » brille et se reflète dans les vitres sans traces. L'assistante en chef, Céline, est Française. Elle m'accueille et m'emmène directement dans la *meeting room*, il n'y a pas de temps à perdre. On me propose à boire, tout est soigné comme dans un salon classe affaires d'aéroport. Shmulik arrive, il détonne, avec un sweat-shirt noir, un jogging de marque et des baskets aux pieds. Céline

Cinquième jour, Tel-Aviv-Jérusalem

devine mon étonnement et s'écrie en français : « Il était habillé pareil pour venir à mon mariage, ne vous inquiétez pas. »

En dépit du jogging, je ne peux m'empêcher d'être impressionnée par le décorum. La salle est immense, nous sommes autour d'une table infiniment longue, tout est d'une modernité astronomique, et surtout, face à moi, la vue est clinquante, qui mêle palmiers et gratte-ciels. Le soleil grimpe pile au-dessus de la mer à l'arrière-plan. C'est beau et ça brille. Mais Maître Cassouto n'est pas là pour regarder le paysage, et il me demande assez vite ce que je veux savoir.

« Je voudrais comprendre l'enjeu des procès autour des manuscrits, pourquoi cette bataille juridique, comment s'est-elle enclenchée pour vous ? »

Lorsqu'il est désigné en 2009, Shmulik Cassouto arrive dans une affaire déjà ancienne ; nous en sommes alors au deuxième procès Kafka – le précédent a eu lieu en 1973 suite à la première vente de lettres par Esther et Eva en Allemagne. L'avocat commence donc par m'expliquer cette première étape, antérieure à son implication (« j'avais deux ans ! ») mais importante selon lui – il en fait l'une des pièces maîtresses de sa défense. Shmulik Cassouto ne l'imaginait pas lorsqu'il reçut le premier mail sur la plage, mais cette affaire allait l'occuper et le faire plaider pendant exactement dix ans !

En 1973, l'État d'Israël prend connaissance de la vente qui a eu lieu à Hambourg quelques mois plus tôt. Sous prétexte que cette vente se base sur une propriété indue (celle d'Esther Hoffe), et se déroule sur le sol étranger (l'Allemagne, *sic*), l'État décide d'intenter un procès pour récupérer ces papiers, et se les approprier. C'est un tribunal local, celui du district de Tel-Aviv, qui juge l'affaire. La demande de l'État est rejetée le 13 janvier 1974. Le juge statue alors :

> que les dispositions testamentaires de Brod permettent à Madame Hoffe de faire de sa succession ce qu'elle veut sa vie durant. […] Les instructions en ce sens sont claires, il ne me semble pas qu'elles puissent être interprétées autrement [6].

L'État confirme la décision prononcée par le juge Shilo, et ne fait pas appel. Il décide toutefois de garder Esther Hoffe à l'œil, puisque dix jours seulement après le verdict, le 23 janvier 1974, Esther Hoffe est arrêtée à l'aéroport de Tel-Aviv, soupçonnée de tenter de passer des manuscrits en contrebande.

Face à mon incompréhension, Cassouto précise : le tribunal avait bien confirmé qu'elle était la seule propriétaire des manuscrits, mais il n'avait en aucun cas statué sur la légalité d'une vente de ces papiers sur le sol étranger. Il existe en effet en Israël une loi sur les archives qui stipule que des biens « même privés », d'une « valeur nationale » ou « jugés importants pour l'étude de l'histoire de la

Cinquième jour, Tel-Aviv-Jérusalem

nation, de son peuple, de l'État et de la société » doivent rester sur le territoire israélien. Et qu'à ce titre « l'archiviste d'État » peut en bloquer la sortie.

Ici chaque mot compte : les termes du Procès sont d'ores et déjà posés – Procès auquel je suis tentée dès à présent d'adjoindre une majuscule, comme dans le titre du roman, tant Kafka en est à la fois le sujet, l'objet et l'atmosphère. Dix ans vont être nécessaires pour l'achever (mais rappelons-nous que le roman éponyme, lui, est resté sans fin).

Les six enveloppes contenant des manuscrits de Brod et de Kafka, cachées dans les valises d'Esther Hoffe en cette fin janvier 1974, sont saisies à la douane. Benjamin Balint raconte qu'un gimmick circulait à la fin des années 1970 dans les milieux littéraires en Israël, « quelle est la pire chose à dire quand un agent de sécurité vous demande à l'aéroport de Tel-Aviv si vous avez vous-même fait vos bagages ? » Répondre : « Non, Esther Hoffe m'a aidé. »

Toujours à l'autre bout de la grande table du gratte-ciel de Tel-Aviv, je demande à Shmulik Cassouto :

– Et pourquoi le procès ne reprend-il qu'en 2009, au moment où vous êtes appelé depuis votre station balnéaire ?

– Entre 1974 et 2007, c'est une situation floue, me répond-il, une sorte de *statu quo* confus. Le juge a confirmé la propriété d'Esther, refusé

J'irai chercher Kafka

l'appropriation par l'État. Ils jouent sur la loi des archives d'intérêt national pour essayer d'empêcher Esther de poursuivre ses ventes, mais au fond, l'État ne peut pas grand-chose. D'ailleurs, le plus gros « coup » d'Esther Hoffe date de 1988 : déjà quinze ans après le premier procès…

Le « gros coup » d'Esther, c'est la vente chez Sotheby's, à Londres, du manuscrit du *Procès* de Kafka. Seize liasses de feuilles volantes, que Kafka avait arrachées d'un carnet avant de les offrir à Max en 1920. La célèbre maison de ventes les exposa à New York, Hong Kong et Tokyo avant de lancer la vente à Londres, le 17 novembre 1988. Prix estimé : 1 million de livres, soit environ 1,8 million d'euros. L'acquéreur fut Ulrich Ott, représentant de la bibliothèque de Marbach, l'équivalent de la BNF en Allemagne. L'Allemagne souhaitait alors enrichir son fonds de littérature juive allemande d'avant-guerre, et Kafka qui, rappelons-le, écrit en allemand, devait en être la pièce maîtresse. On peut certainement y voir une forme de « rachat mémoriel », dans le contexte si singulier de l'avant-chute du mur de Berlin… Esther Hoffe espérait le double de la somme finale, mais elle se déclara heureuse que *Le Procès* gagne l'Allemagne (comme une enfant placerait son pouce au menton, et toc, prends-toi ça, Israël).

Je ne peux pas m'empêcher de m'interroger sur les motivations profondes d'Esther. Qu'elle veuille de l'argent, je l'entends. Qu'elle veuille emmerder

Cinquième jour, Tel-Aviv-Jérusalem

un État qui la poursuit en justice depuis déjà quinze ans, l'arrête comme un bandit au milieu de l'aéroport où travaille sa propre fille, on peut le comprendre. Mais vu la somme de manuscrits dont elle dispose, parmi les trésors kafkaïens, pourquoi choisir *Le Procès* ? À partir de cette vente commence à se façonner dans la presse son image de femme hystérique en quête d'une reconnaissance vénale et douteuse. Tous les spécialistes de Kafka se mettent à la décrier publiquement, à l'accuser de calomnier la mémoire de l'écrivain. En vendant ce patrimoine au plus offrant, elle prenait le risque qu'un collectionneur privé l'escamote à jamais, privant les chercheurs de ce patrimoine universel pour les encadrer comme des reliques au milieu de grands crus bordelais et de toiles italiennes. Klaus Wagenbach, grand biographe de Kafka, déclara par exemple : « Max Brod n'a certainement pas risqué sa vie pour sauver les manuscrits de Kafka des nazis pour qu'ils soient vendus par Esther Hoffe au mépris total de ses obligations littéraires [7]. »

Au-delà de l'argent que cela pouvait lui rapporter (notons qu'Esther ne déménagea ni après cette vente, ni jamais, de son rez-de-chaussée insalubre de la rue Spinoza) [8], j'y vois un pied de nez plein d'ironie et d'intelligence. Je crois qu'Esther a choisi *Le Procès* car elle comprenait que la réalité, dans cette histoire, rattrapait la fiction. Que les procès réels étaient peut-être la seule fin possible pour ce roman à jamais inachevé. Peut-être Esther avait-elle décidé de jouer avec Franz – comme moi depuis que j'ai commencé ce voyage –, de se métamorphoser en un personnage de roman, de l'incarner jusqu'à la caricature, de se laisser faire et d'être le ventriloque, ou le ghostwriter à contretemps, de ce génie qu'elle n'avait pas connu.

— Rien n'a pu être opposé à cette vente de 1988, poursuit Cassouto. Ce n'est qu'à la mort d'Esther Hoffe que les procès reprennent (elle meurt en 2007 à l'âge de cent un ans, on dit que la folie conserve bien, à moins que ce ne soient les chats !). C'est à cette date qu'on m'a fait intervenir. La procédure s'est déroulée en trois temps : après la mort d'Esther, l'État a voulu bloquer sa succession, afin d'empêcher que la propriété des manuscrits de Kafka (et de Brod) soit transférée à sa fille Eva Hoffe. Tout le fonds a alors été inventorié : les coffres de Tel-Aviv, ceux de Zurich, les manuscrits déjà vendus à l'Allemagne. Cela a pris presque trois ans. Le deuxième procès a démarré en 2012, suivi de trois autres procès en appel, en 2015, 2016 et enfin en 2018. D'appel en appel, avec une étonnante opiniâtreté, Eva Hoffe a fait porter le « procès-Kafka » des affaires familiales jusqu'à la Cour suprême. J'étais jeune pour plaider dans le plus important tribunal du pays – vous imaginez !

Peu à peu, sans doute face à mon enthousiasme souriant, peut-être aussi parce que je joue à l'enquêtrice qui n'en sait pas encore beaucoup,

Cinquième jour, Tel-Aviv-Jérusalem

Shmulik Cassouto s'ouvre un peu. Je vois mieux ses yeux derrière ses lunettes, devine ses expressions sous le masque chirurgical qu'il conserve avec soin. Quand je lui demande alors sur quels points nodaux il a bâti sa défense des Hoffe, je me permets d'ajouter :

— Et, si la réponse à cette question diffère de la précédente, pouvez-vous me dire quelle est votre intime conviction sur cette affaire, maintenant qu'elle est close depuis quatre ans ?

Il déploie alors un argumentaire brillant. Je suis au procès, j'entre dans *Le Procès*. Tout en ouvrant les dossiers de son ordinateur, dont l'image se reflète en temps réel sur un immense écran plat accroché au mur de la *meeting room*, il m'explique.

— Non, commence-t-il pour me signifier que nous sommes d'accord, je ne vais pas vous dire le contraire : Esther et peut-être encore plus sa fille Eva Hoffe sont complètement folles. Elles sont hystériques, elles vivaient comme des clochardes obsédées par un trésor enfoui qui ne leur appartenait même pas, elles étaient sans doute aussi intéressées par l'argent, elles étaient sadiques et cruelles avec quiconque s'approchait d'elle — et moi le premier ! Mais ce procès était-il destiné à juger de la santé mentale de ces deux femmes ? Non.

Il ouvre alors un dossier et se met à me montrer des documents confidentiels (l'assistante, prudente, me demande de ne pas les prendre en photo). Il s'agit de photographies prises par Shmulik Cassouto au moment des inventaires qui ont précédé le procès de 2012. Il me raconte l'ouverture des coffres dans cette banque vieillotte de Tel-Aviv, suivie de celle bien plus luxueuse des coffres de Zurich :

— Il a d'abord fallu que je trouve où étaient ces coffres ! Eva me disait ne pas le savoir, ou ne pas s'en souvenir... Nous avons téléphoné à des dizaines d'établissements avant de les trouver... à la banque Leumi, rue Yehuda Halévi. Les coffres n'avaient pas été touchés depuis le dépôt des documents (ou, pour certains, depuis leur transfert vers la Suisse, mais cela datait des années 1950...). Regardez, dit-il en me montrant les images, c'était une pièce lugubre avec de la moquette aux murs, des coffres tout défoncés, personne ne pouvait imaginer qu'un trésor de la littérature mondiale y attendait son heure. En revanche, lorsque nous avons fait le voyage en Suisse pour inventorier les autres coffres, là c'était autre chose ! Toute la banque était en marbre, on aurait dit un palais, la chambre forte était ultra-sécurisée, c'était comme dans un film.

— Qui était présent à ces inventaires ? (je devine plusieurs silhouettes sur les images qu'il ouvre en me parlant).

— Toute une équipe qui avait été formée conjointement par la juge en charge de l'affaire (à l'époque la juge Kopelman Pardo) et les archives

Cinquième jour, Tel-Aviv-Jérusalem

publiques israéliennes, qui avaient nommé une professeure de littérature reconnue pour chapeauter les opérations : Itta Shedletzky. Il y avait l'exécuteur testamentaire de Brod, l'avocat de la Bibliothèque Maître Meir Heller, et moi.

— Eva Hoffe n'était pas là ?

— (Il rit.) Dieu merci non !! Mais ça n'a pas été facile. À Tel-Aviv comme à Zurich, elle s'est débrouillée pour connaître les horaires des rendez-vous, et s'est présentée à chaque fois pour nous accompagner. À Tel-Aviv elle a même tenté de forcer l'entrée en disant que c'était ses coffres à elle. À Zurich, elle tenta de s'introduire aussi dans la chambre forte, et les Suisses ne rigolent pas avec leurs banques ! Le directeur menaça d'appeler la sécurité. Je ne savais pas quoi faire. Finalement, c'est la professeure de littérature qui réussit à la calmer. Mais à cause d'elle, cet inventaire en vue du procès ne fut jamais achevé (eh oui, comme le roman de Kafka) : alors que la juge avait demandé la venue de la délégation rue Spinoza afin de lister ce qui s'y trouvait, Esther refusa catégoriquement de nous laisser entrer, et préféra payer l'amende.

Il me montre ensuite une photo de l'ouverture du premier coffre. J'en reste bouche bée. L'image est tellement littérale : on se croirait dans un conte pour enfants. Ces manuscrits, dans un premier degré assez sidérant, épousent le statut qu'ils ont depuis le début de l'histoire – ils sont là, trésors cachés, dans une chambre forte, dans un coffre

J'irai chercher Kafka

fermé à double tour dont seul un gardien mystérieux possède la clé. Une délégation attend, on se demande si la clé va vraiment ouvrir le coffre (les clés ouvrent-elles vraiment les coffres ?), on dirait qu'un génie va sortir de cette boîte, ou un petit diable, et tout emporter sur son passage. On est à la fois dans une banque UBS et dans une histoire de Kafka, je suis à la fois à Tel-Aviv en haut d'un gratte-ciel et dans l'imaginaire enfantin d'un écrivain qui m'obsède depuis mes 9 ans. J'ai le vertige. Dans la bande-son de l'entretien que je réécouterai bien après cette rencontre, on entend un long silence, l'avocat qui tape sur son clavier et moi qui répète en français : « incroyable », « incroyable », en prenant plusieurs grandes inspirations.

* * *

Qu'est-ce qui, dans cette histoire, me remue à ce point ? Quelle est-elle, cette sensation bâtarde qui m'habite de plus en plus, que je pourrais décrire en la comparant à un mélange de mal de mer (ça tangue) et d'adrénaline (ça monte) ? Pourquoi toutes ces larmes, depuis que je suis arrivée, pourquoi ces inspirations discrètes mais un peu dramatiques, là, dans le bureau de l'avocat ? N'est-ce pas un peu excessif ?

L'histoire de ces manuscrits n'est pas la mienne, et tout ici m'est étranger : les langues, les rapports au monde, le monde lui-même qui entoure ces

Cinquième jour, Tel-Aviv-Jérusalem

personnages m'apparaît lointain. C'est de la fiction – moi qui n'en écris pas.

Un petit fil d'enfance me relie à cette histoire, le visage de Kafka dans le bureau de mon père, à neuf ans, d'accord. Mais c'est peu. Sans doute suis-je venue écrire ce que cette carte postale ne contenait pas, à la conquête de ces mots que mon père ne dit jamais. À rebours de son silence et pour en éclairer un recoin. Peut-être. Mais c'est loin.

Je crois finalement qu'au bord de ces trop maigres explications se loge tout de même un signe, une hypothèse : ce qui me touche ici, c'est la fidélité. Fidélité à l'intrigue de nos neuf ans, intacte, motrice. Fidélité aux fantômes qui peuplent nos nuits. Fidélité au désir (j'ai désiré si fort venir ici, même si je ne savais pas pourquoi). Fidélité à la fiction, à la littérature, à la force qu'elle a dans nos vies, que j'ai décidé d'écouter. Fidélité à Max, qui fut fidèle à Franz. Fidélité à Franz, que nous lisons à contretemps. Je suis émue d'avoir eu la chance de suivre ça, en moi, et de m'être laissée emmener là. Je suis émue d'être venue. Je l'ai fait moi, cent ans après, et je n'ai pas laissé le réel me fermer la porte au nez. Je n'ai pas laissé mon doigt dessiner le chemin sur la carte. La mer Méditerranée se dessine au loin derrière le visage de Shmulik Cassouto, qui doit me trouver un peu émotive, comme journaliste.

*
* *

J'irai chercher Kafka

— Voici ce que nous avons trouvé en ouvrant les coffres : regardez et dites-moi si vous y voyez la moindre ambivalence dans les volontés de Max Brod. Ici, une note datée de 1947 stipulant que les trois cahiers du Journal de Kafka à Paris appartiennent à Esther Hoffe. Là, un autre document, une chemise cartonnée annotée par Brod : « lettre à son père de Kafka, original » (je manque de m'étouffer) et regardez ici : « propriété de Mme Esther Hoffe », avec en dessous sa contresignature : « Mein Eigentum [ma propriété, *nda*], Esther Hoffe, 1952 ». Et ici, dans le dernier coffre, on trouva les lettres. Sur chaque dossier vous voyez qu'il est écrit : « originaux appartenant à Esther Hoffe » ici, et là, encore plus explicite : « Kafka — mes lettres à Franz — appartient à Esther Hoffe — 2 avril 1952, Tel-Aviv, docteur Max Brod ». Franchement, vous trouvez que dix ans de procès sont nécessaires pour déterminer à qui appartiennent légalement ces documents ? je ne parle pas de la dimension symbolique, ni historique, je suis avocat, on parle d'une procédure judiciaire, d'une question de propriété notariale. À qui appartiennent ces documents ? je vous le demande une nouvelle fois. C'est écrit sous vos yeux, noir sur blanc, sur au moins TROIS papiers différents, d'une écriture qui a été authentifiée. De quoi faut-il discuter ???

Face aux preuves que nous avons sous les yeux, il est difficile de répondre. Mais je tente :

Cinquième jour, Tel-Aviv-Jérusalem

— On peut discuter tout de même de ce que les Hoffe ont fait de ce don. De la façon dont elles ont été ou non responsables de leur propriété. Même si on évacue les symboles, on ne peut pas traiter ces documents comme si c'étaient les vulgaires ordonnances de dentiste d'une grand-mère anonyme.

— Mais chacun fait ce qu'il veut de ce qu'il possède ! Si vous voulez encadrer les ordonnances de dentiste de votre grand-mère ou les mettre dans des coffres-forts, personne ne doit vous en empêcher. La réciproque est vraie aussi : même des documents importants pour l'histoire ou pour la littérature, à partir du moment où ils ont un propriétaire désigné, celui-ci fait ce qu'il désire avec.

L'avocat enlève alors ses lunettes, me fixe droit dans les yeux et commence un monologue inouï, où chaque phrase commence par « imaginons », et qui achève de m'embarquer dans une réflexion insoluble.

— Imaginons, me dit-il, que votre père ait acquis des Picasso, peu importe comment, il a des dizaines de Picasso chez lui. Et vous, imaginons que vous soyez une jeune fille mal en point, dépravée, droguée, qui sort tous les soirs en boîte de nuit. Bon. Pour impressionner vos acolytes de fin de soirées, vous décidez d'emporter des Picasso en discothèque, et de les lacérer sur la piste de danse, en y faisant couler des éclaboussures de champagne. Imaginons. Soit !! C'est votre droit ! Vous êtes libre ! Votre père vous a donné ces toiles !! L'État français a-t-il quelque chose à dire là-dessus ? Non ! Ça ne regarde pas l'État. C'est aussi simple que cela. C'est d'ailleurs ce que le procès de 1974 avait conclu, depuis quand revient-on sur les décisions statuées et confirmées ?

— Je vous renvoie la question, maître ! À votre avis, pourquoi la Bibliothèque a-t-elle rouvert ce dossier en se montrant cette fois si décidée à gagner ?

— Parce que derrière la Bibliothèque, vous pensez bien, il y a l'État. Et l'État d'Israël, cela ne vous aura sans doute pas échappé, « marche parfois sur la tête », dit-il avec des guillemets de prudence. Selon moi, un État libre et démocratique ne peut pas agir ainsi, c'est de l'appropriation. Et quand Israël arrive et décide de s'approprier, ce n'est pas bon.

— Certes, dis-je, alors que j'ai lu dans un article de presse le matin même que certains opposants sont allés jusqu'à affirmer qu'Israël avait agi avec Kafka comme avec les territoires occupés.

Toute l'étendue politique du sujet arrive dans un fracas. Je ne vais pas jouer la naïveté : j'étais bien consciente qu'un procès impliquant l'État d'Israël, sur une question de propriété (toute littéraire et symbolique soit-elle), se hissait nécessairement dans les eaux troubles de l'histoire de ce pays – de son histoire, c'est-à-dire de ses guerres. Mais ma fascination pour l'objet littéraire était bien pratique : elle permettait de

Cinquième jour, Tel-Aviv-Jérusalem

faire paravent et d'éviter de m'engouffrer dans un sujet brûlant, qui me paraissait casse-gueule, et que j'avais le sentiment de ne pas maîtriser, ni sur le plan historique ni sur le plan politique.

Face à la plaidoirie rejouée de Cassouto, je suis immédiatement convaincue. L'État n'avait pas à s'approprier ce bien. Ce procès, c'est la pauvre femme seule contre une armée toute-puissante. Comment peuvent-ils décider un beau jour « ceci est à nous », alors même qu'ils sont loin d'avoir été les premiers à s'intéresser à Kafka – je découvre que les traductions en hébreu de ses textes sont parmi les plus tardives au monde, et le nombre de tirages des éditions israéliennes parmi les plus faibles ? Pourquoi d'un coup, comme une lubie, vouloir faire de cet écrivain qui était aussi « fasciné que dégoûté par le sionisme », selon ses propres mots, leur « patrimoine » ? Et alors qu'il n'a jamais mis plus que son doigt sur la carte, ne foulant pas même une fois la terre d'un pays qui, à la date de sa mort, n'existait même pas ? Au nom de quel universel ? Au nom de quelle vision ? Tout cela me semble alors purement et simplement injuste, même insensé. À nouveau, je ressens comme un vertige en regardant la vue du vingt-troisième étage de ce gratte-ciel.

Je n'ai pas encore eu ces manuscrits entre les mains, mais tout se passe comme si mon histoire explosait, pauvres lambeaux de papiers qui auraient peut-être dû rester dans le pipi de chat et disparaître : ça impressionne papier carbone, mais c'est du vent.

Après des remerciements cordiaux, « au revoir et bon voyage », Cassouto me fait rappeler et m'invite dans son bureau : « regardez, j'ai retrouvé quelques images de manuscrits ». Je suis touchée de sa confiance, mais j'ai la tête qui tourne, envie de partir et, surtout, je préfère les découvrir en vrai. Je redescends du gratte-ciel, hébétée, cherchant mon bus pour rejoindre la gare de Tel-Aviv.

∗ ∗

En 2011, avant que le premier verdict ait été rendu, la philosophe américaine Judith Butler signait un texte important dans la *London Review of Books*, intitulé « Who Owns Kafka ? » (À qui appartient Kafka, ou : Qui possède Kafka ?). Elle s'en prend de façon très directe aux présupposés mêmes de ce procès : l'État d'Israël, explique-t-elle, en se faisant propriétaire des manuscrits, s'auto-désigne comme seul propriétaire légitime de ce « bien ». Ce geste implique au moins trois contre-vérités, que Butler déplie patiemment. D'abord, Israël présuppose pouvoir le faire parce que Kafka était juif – or Israël rassemblerait et représenterait les Juifs. Cela est faux car « tous les Juifs ne sont pas sionistes ». Certains, dans la diaspora, ne considèrent en aucun cas ce pays comme « un lieu

Cinquième jour, Tel-Aviv-Jérusalem

d'inévitable retour ou une destination finale ». Israël ne l'était pas dans l'esprit de Kafka, selon Butler.

Deuxièmement, ce procès, s'il était gagné par la Bibliothèque nationale, aurait pour conséquence de contraindre tout lecteur (qu'il soit juif ou non) à « franchir les frontières d'Israël et à s'engager auprès de ses institutions publiques », alors même que de nombreux artistes, chercheurs et intellectuels « respectent un boycott culturel et institutionnel » du pays, en guise de protestation à l'égard de sa politique. La politique d'une appropriation illégale de territoires. « Can poor Kafka shoulder such a burden ? », « Le pauvre Kafka peut-il supporter un tel fardeau ? » s'interroge la philosophe.

Troisième problème identifié par Judith Butler dans la conduite de ce procès et ses conséquences : si les manuscrits de Kafka devaient être déclarés appartenir à cette institution nationale, on contreviendrait à l'un des centres névralgiques de l'œuvre de Kafka elle-même, fondée selon Butler sur une « poétique de la non-arrivée » (« Ce que j'espère montrer est que la poétique de la non-arrivée imprègne son œuvre et affecte, voire atteint, ses lettres d'amour, ses paraboles sur les voyages, et ses réflexions explicites à la fois sur le sionisme et la langue allemande [9] »). Elle s'appuie alors sur différents textes de Kafka pour montrer que son œuvre est essentiellement hantée par la « non-appartenance » – ses textes sont des lieux où personne ne peut jamais arriver nulle part, encore moins s'implanter. Kafka écrit d'une écriture minée, mais aussi portée par l'inachèvement, et nous la lirions en un grave contresens en voulant y planter un drapeau, ou l'ancrer dans quelque territoire que ce soit.

Si les deux premiers points me semblent discutables (je ne vois pas bien ce que le boycott et Gaza viennent faire là), le troisième me convainc. Je dirais même qu'il me touche. Butler redouble le regard que j'ai parfois le sentiment de devoir endurer quand le visage de Kafka me fait face, là, sur une couverture, posée sur mon bureau – lorsqu'il semble s'adresser à moi en me demandant : « As-tu vraiment le droit de me lire ? » Oui, Butler a le mérite de formuler cette question du droit, dans toute l'étendue et la complexité que recouvre ce mot. Mais si Kafka ne peut appartenir à personne, ne faut-il pas se souvenir que c'est d'abord à lui-même qu'il n'appartient plus depuis longtemps ? Si on veut véritablement le suivre, sans contresens, et pulvériser l'idée même d'une patrie possible pour ses textes, pourquoi les interpréter dans le sens inverse ? Finalement, Judith Butler ne peut s'empêcher de faire de Kafka un pourfendeur du sionisme, mais n'emploie-t-elle pas cette notion en un sens qui n'a plus grand-chose à voir avec son temps à lui ? Si cette poétique est juste, ne doit-elle pas réussir à pulvériser aussi les polémiques ? À nous, lecteurs et lectrices, d'accepter de n'arriver nulle part.

Cinquième jour, Tel-Aviv–Jérusalem

Je reparcours avidement l'article de Butler sur l'écran de mon téléphone, alors que je m'installe dans le train express qui relie désormais en trente minutes Tel-Aviv à Jérusalem. Les paysages défilent vite, dès que la mer s'éloigne, ils deviennent incroyablement secs, blancs, avec les taches vertes des champs d'oliviers qui se multiplient sur les flancs de collines. *Je rejoins Jérusalem*, cette proposition a quelque chose de bancal, elle sonne comme une mythologie touristique. Insatisfaite de ma relecture de Butler, j'en retiens toutefois cette question, avec une vibration très intense à l'intérieur de moi (redoublée par celle des rails, c'est comme si je descendais dans un ascenseur infini et que mon cœur se soulevait à chaque étage) : ai-je le droit *d'arriver ici* pour les voir, ces manuscrits hantés par l'impossibilité d'arriver ?

*
* *

Dès la gare, l'atmosphère de la ville m'électrise. Construite très en profondeur, l'escalator qui mène des quais à la sortie est interminable. Comme pour mettre à distance ce que je suis en train de vivre, je filme cette montée avec mon téléphone. Sur les murs pentus qui longent l'escalator, des photographies en noir et blanc sont encadrées, des visages juifs, arabes, des jeunes et des vieux, des sourires, des châles de prière, des rides. Ils défilent au rythme lent de cet escalier mécanique, suscitant en moi la sensation symétrique de celle que j'avais dans le train (descendre dans un ascenseur qui vous soulève le cœur) – Jérusalem interrompt la descente, me guide des sous-sols vers la terre ferme. Il faut bien que j'apprenne à arriver quelque part.

À la sortie, c'est un brouhaha de sons stridents, du monde partout, des tramways et des bus, je peine à trouver mon chemin mais je dois me dépêcher : la jeune propriétaire du petit studio que j'ai loué (une étudiante) a accepté que je dépose ma valise en attendant la fin de la journée mais elle y a mis deux conditions : pas après 12 h, et sans entrer dans l'appartement. « Il y a un petit local à poubelles qui ferme à clé, déposez vos affaires ici, le check-in ne peut être avant 18 h. » Jérusalem n'a rien d'une ville accueillante.

Après avoir descendu trois marches inégales et manqué de m'y casser la figure, je trouve le « petit local à poubelles », et le mot « petit » m'apparaît très faible. En plein soleil, rempli de détritus plus ou moins bien emballés dans des sacs plastique, il s'agit en fait de quelques centimètres carrés nauséabonds, j'ai du mal à trouver une place pour ma valise, que j'hésite un peu à laisser là. Je vais retrouver des cafards dedans, me dis-je avant de trouver ça tellement grotesque pour une valise dont le contenu le plus précieux est... la Pléiade de Kafka – il me sourit encore, depuis sa petite couverture cartonnée.

Si je retrouve vraiment un cafard dedans, aurai-je le droit de le tuer ?

Cinquième jour, Tel-Aviv-Jérusalem

Advienne que pourra, je remonte les trois petites marches et je pars marcher dans la ville, sans but ni direction, sans ressentir aucun plaisir à être là. La ville me résiste. Mais la solitude et le sentiment de vagabonder là, peu à peu, me séduisent ; c'est en n'attendant rien de Jérusalem, me dis-je, qu'on peut la découvrir vraiment. Je marche longtemps, l'heure du « check-in » arrive plus vite que je ne l'imaginais. J'entre dans le petit appartement, j'y aperçois ma valise qui a été déplacée à l'intérieur, elle ne sent finalement pas si mauvais, je l'ouvre et tout est propre, la couverture de la Pléiade immaculée – l'absence de cafard me décevrait presque. L'étudiante a laissé un bouquet de fleurs sur le bar, « Welcome in Jérusalem, Léa », elle aussi semble s'être adoucie. Quand je rouvre mon portable avec le code Wifi, une dizaine de messages s'affichent en rafale : « fais attention, ça va ? prends soin de toi, aucun risque même pour Kafka, ne prends pas les transports ». Je comprends qu'il y a eu une attaque, est-ce dans la ville ou dans le pays ? Au fond, pour le moment, je ne veux pas le savoir, je rassure mes proches avec des cœurs et des soleils, évasive.

Le sommeil est parfois capricieux : combien d'insomnies nous tombent dessus, sombres et pleines d'une angoisse subite, « je ne comprends pas en ce moment, pourtant, tout va bien ? » Ce soir, c'est ma première nuit à Jérusalem, et le caprice s'inverse : tout est réuni pour que je ne ferme pas un œil, et je m'endors sans un pli, sans même m'en apercevoir, la

J'irai chercher Kafka

lampe de chevet de l'étudiante encore allumée et un livre ouvert sur les genoux. Je suis maintenant si près de K — faut pas se leurrer papier doré, celui qu'y touche, papier tue-mouche, est moitié fou.

Sixième jour, Jérusalem

Une télénovela

Ce n'est pas la première fois que je me réveille à Jérusalem. J'y étais venue huit ans auparavant, depuis Tel-Aviv, « juste pour visiter ». La vieille ville, dans son indéniable beauté, ne m'avait pas touchée. Elle m'avait même un peu repoussée : cette superposition de croyances, cette foi qui se crie, se montre, s'oppose aux autres, m'avait paru un peu obscène ; ces rues m'avaient paru crasseuses ; ce tourisme religieux indécent. Même au très impressionnant Mémorial de Yad Vashem, que j'attendais de visiter depuis si longtemps, je m'étais sentie étouffée. J'y avais perçu un rapport au souvenir si douloureux et si démonstratif à la fois que j'avais du mal à me recueillir, ou à faire vivre le souvenir des disparus. J'avais fui Jérusalem, et Jérusalem ne m'avait pas retenue. Loin de m'offrir, comme je l'imaginais alors une trace de sentiment religieux, Jérusalem avait anéanti en moi la possibilité même de ce désir. Je n'étais pas faite pour croire, l'appartenance ne me disait rien, à moi non plus. J'avais beau essayer, ça ne m'allait pas.

Cette fois, tout est différent : j'ai rendez-vous. La ville n'est que le théâtre dans lequel aura lieu ma rencontre tant attendue avec Kafka, ce fantôme à la recherche duquel je suis depuis si longtemps. Je me sens déterminée comme un enfant somnambule qui n'entend rien de la réalité autour. Peu m'importe le théâtre, sa localisation, sa taille ou son faste – en fait, au cours de ces premières heures à Jérusalem, je ne regarde même pas autour de moi. Je n'ai que faire du cadre, mes œillères sont puissantes.

Mais Jérusalem fait toujours le contraire de ce qu'on attend d'elle – je ne vais pas tarder à en avoir la démonstration. Alors que la première fois, secrètement, je rêvais qu'elle me retienne, elle m'avait simplement laissée repartir sans un mot. Cette fois-ci, je décide de l'ignorer, et elle se met à me séduire, l'air de rien, sans trop en faire. Le café que je prends en face de mon petit studio me procure une joie infime, mais nouvelle. Il y a une douceur presque imperceptible, légère, qui m'aide à accepter d'être là.

Je décide de me rendre à pied à mon premier rendez-vous de la journée : au cabinet de l'avocat Meir Heller, qui représentait la Bibliothèque nationale lors des procès. L'adversaire de Shmulik Cassouto au tribunal. Je descends une immense

Sixième jour, Jérusalem

avenue, moderne et assez moche, qui vous surprend d'un coup en faisant apparaître un magnifique monastère byzantin là, un jardin de cyprès et d'oliviers ici, une gigantesque synagogue moderne, le toit d'une mosquée. Le ciel est d'un bleu électrique qui traduit en lui-même quelque chose de l'atmosphère. Les gens sont pressés, ils attendent le bus, les mères de famille courent pour emmener les enfants à l'école, tout le monde à Jérusalem a l'air d'être en retard quelque part. Et à force de l'observer, je le deviens moi-même. Lorsque j'arrive à l'adresse indiquée, au pied d'un petit immeuble des années 1970, je ne vois aucune plaque. Je monte sans être sûre d'être au bon endroit, et une secrétaire à l'allure ahurissante (on dirait Olivia Newton John dans *Grease* ! me dis-je) m'explique sans détour que j'ai vingt minutes de retard, que maître Heller a reçu son rendez-vous suivant et que je vais devoir attendre.

*
* *

Comme pour me faire revivre le conflit du tribunal, tout ici est le pendant symétrique du cabinet de Cassouto à Tel-Aviv. C'est petit, étriqué, peu entretenu, il y a à peine une chaise pour s'asseoir. Je fais face à la secrétaire qui me lance quelques sourires, je relis mes notes avec mon carnet sur les genoux et je suis foncièrement gênée.

J'irai chercher Kafka

— Entrez, entrez mademoiselle, un homme chauve et très extraverti accourt, il a quelque chose de fracassant. Meir Heller, enchanté, venez, installons-nous dans mon bureau, expliquez-moi, ah Kafka, encore lui !

Meir Heller est chaleureux, drôle, avec un sens de la formule qui me surprend autant que la distance formelle de Shmulik Cassouto à Tel-Aviv. Mais Meir Heller représente la Bibliothèque nationale — je m'attendais à un personnage autrement plus froid encore !

— Notre cabinet représente la Bibliothèque depuis longtemps déjà, déroule-t-il d'emblée, mais je suis arrivé dans l'affaire de façon assez inattendue. Après la mort d'Esther Hoffe, en 2007, a eu lieu une sorte de procédure. En réalité il s'agissait d'un acte apparemment banal : en France cela se serait déroulé chez un notaire, pas dans un tribunal... Mais lorsque la Bibliothèque a eu vent de cette succession d'Esther Hoffe, elle a vraiment redouté que le fonds Kafka, et le fonds Brod (lui aussi exceptionnel), s'évaporent dans les mains d'Eva Hoffe et disparaissent pour toujours. Mon associé, qui suivait l'affaire jusqu'ici, était assez désemparé. Il est venu me voir un soir, et m'a présenté le dossier de la succession, qui faisait passer les manuscrits des mains d'Esther à celles de sa fille Eva. L'audience devait avoir lieu le surlendemain à Tel-Aviv. Je suis rentré chez moi le soir avec le dossier sous le bras. Plus je le lisais, plus je riais, car

Sixième jour, Jérusalem

je me disais : c'est un procès ingagnable ! *Perdu d'avance* comme vous dites en français !

– Mais qu'y avait-il dans le dossier pour vous faire penser cela ?

– Tellement d'éléments, ma chère Léa ! Premièrement, il faut bien que vous compreniez que ce n'était pas la première procédure qui opposait les Hoffe et la Bibliothèque au sujet de cet héritage.

– Oui, la première datait de 1973, c'est cela ?

– Voilà. Or la juge Shilo avait écrit noir sur blanc, rendant son verdict en janvier 1974, que les manuscrits étaient la propriété de Mme Hoffe en vertu du testament de Max Brod. Sa propriété, pour parler clairement, cela signifie qu'elle en fait ce qu'elle veut. Quoi de plus naturel que de léguer une propriété à votre fille ? Et puis il n'y avait pas eu d'appel à l'époque. On ne rouvre pas un procès clos !

Alors, Meir Heller a passé une seconde nuit à travailler. Puis il a débarqué dans le petit tribunal de quartier de Tel-Aviv le surlendemain matin, pour plaider un procès perdu d'avance. Personne ne s'attendait à le voir. Lui se souvient très nettement de sa première vision d'Eva Hoffe : une femme « défaite, vieille, mais dont vous voyiez qu'elle avait été très belle, littéralement accrochée aux bancs de la salle. Ses mains tremblaient. On aurait dit une sorcière ». Très vite au cours de l'audience, Heller se souvient qu'elle s'est mise à hurler sur la juge qui a interrompu la séance et a fait inscrire dans le verbatim : « Écrivez que Mme Hoffe crie sur les juges ! » Lorsqu'elle a eu la parole à nouveau, Eva a déclaré qu'elle ne laisserait personne pénétrer dans l'appartement de la rue Spinoza pour voir les manuscrits qui s'y trouvaient « *over my dead body* », « il faudra me passer sur le corps », a-t-elle dit.

— Elle menaçait explicitement de se suicider, résume Heller, haussant la voix.

— Vous considérez qu'Eva était folle ?

— Ah mais je ne suis pas le seul, ma chère Léa, et il ne s'agit pas d'une « considération » ! Vous n'imaginez pas ! Sa mère Esther déjà était une personnalité tyrannique, qui manipulait Max Brod dans une relation d'amour à trois très perverse avec son mari. Esther a transmis sa folie à sa fille, en même temps qu'elle lui a légué les manuscrits, et les chats... un sacré paquet de détritus, mais avec, au milieu du tas, l'anneau de Tolkien ! Eva a nourri un rapport magique à ces manuscrits, et peu à peu, après la mort de sa mère, elle a perdu pied. Vraiment, c'était le Seigneur des anneaux. Vous avez lu Tolkien, Léa, rassurez-moi ? (je dois avoir l'air sceptique) Vous ne lisez pas que Kafka j'espère ! Sinon votre santé mentale est peut-être aussi en danger...

— Jusqu'ici je crois que ça va, je vous remercie ! Si je comprends bien, vous vous êtes décidé à entrer dans ce procès pour sauver les manuscrits de Kafka des mains possessives d'Esther, et d'Eva

Sixième jour, Jérusalem

après elle. Chacun a quelque chose à sauver dans cette histoire…

– Non, je n'ai rien sauvé du tout, s'agace-t-il : moi, j'ai aidé à ce que ce trésor de la littérature soit à l'endroit où il devait se trouver. C'est-à-dire pas au milieu des croquettes et de la litière des chats. Savez-vous combien de chats se trouvaient dans l'appartement de la rue Spinoza ?

– Quarante ?

– Au cours de l'une des audiences, le chiffre a été discuté. Quarante, cinquante, je n'en sais rien, mais cette odeur m'a marqué à jamais. La folie d'Esther, et celle de sa fille, ne me regardent pas, et ne m'intéressent pas beaucoup si je suis honnête avec vous. Ce qui m'importe, c'est que cette folie s'accompagnait d'un intérêt profond pour l'argent – pas seulement pour la valeur symbolique ou magique de ces papiers. Esther voulait de l'argent. Elle avait même appelé des archivistes de la Bibliothèque, vers le début des années 1980, pour leur proposer quelques documents en précisant qu'elle devait… refaire ses dents !

– Vous y allez un peu fort, non ? (Je suis très amusée par le numéro.) Si je reviens un peu en arrière, vous m'expliquiez que ce procès vous paraissait impossible à gagner à cause de la précédente décision. Comment avez-vous trouvé des arguments pour renverser cette impossibilité ?

– Je dirais, pour être précis, que j'avais 10 % de chances de gagner. C'est peu. J'ai commencé par postuler que la décision de 1974 selon laquelle Esther était la libre héritière des manuscrits n'était pas recevable (*irrelevant*). J'ai démontré qu'Esther n'avait pas respecté ce que Brod lui avait demandé, et que son droit sur l'héritage pouvait donc être contesté. Pour cela, je me suis appuyé sur deux éléments : d'abord, un document (donné par Esther elle-même!) venant de Max Brod, qui demandait à Esther de ne pas léguer les manuscrits à ses filles, de les conserver pour elle « ou dans une bibliothèque publique ». Ensuite, j'ai retrouvé un témoin clé, dont la déposition m'a permis d'avancer : Margot Cohen, une vieille dame elle aussi, ancienne employée de la Bibliothèque qui avait connu Esther et Max à l'époque. Elle se souvenait du jour où Brod était venu se renseigner pour y déposer son fonds, et a dépeint le comportement d'Esther comme celui d'une femme suspicieuse et très possessive.

– Pensez-vous que ce témoignage a changé la donne ?

– Peut-être. Pour le côté sentimental, si vous voulez. Margot Cohen incarnait une époque dont les témoins avaient tous disparu. Mais je pense que l'élément crucial, ce fut dans le procès suivant. À la Cour suprême. À ce moment-là, les archives de Marbach – c'est-à-dire l'Allemagne, m'explique-t-il avec un regard appuyé – ont décidé de prendre part aux procès. À partir de là, tout a changé. Mais

Sixième jour, Jérusalem

attendez, quelle heure est-il ? (il regarde son téléphone) J'ai faim, je vais descendre chercher une pizza. Attendez-moi sur le balcon. Vous voulez quoi, une primavera ?

– Euh... je vous remercie, je n'ai pas très faim.

À peine ai-je terminé ma phrase que Meir Heller a déjà quitté le bureau. Je me tourne vers la porte vitrée qui donne sur un petit balcon. La vue sur l'une des portes de la vieille ville, juste à gauche, est magnifique. La hauteur des cyprès, leur vert qui se penche un peu en direction des murs, de ces murs-là, me coupe le souffle. Je filme leurs mouvements qui découpent un peu le ciel, si visible et si bleu à Jérusalem. Des touristes à la retraite descendent en file indienne d'un énorme car noir et blanc. J'aperçois en bas la silhouette pressée de l'avocat qui s'engouffre dans l'avenue marchande.

Je profite de la connexion wifi du cabinet et je tape, comme si je faisais quelque chose d'interdit et que personne ne devait me regarder : *anneau de Tolkien* sur Wikipédia. Quatre phrases s'affichent : « Quel est le pouvoir de l'Anneau ? Très peu de pouvoirs de l'Anneau sont connus : il rend invisible. Il augmente la force (on le voit avec Sauron) Il rend immortel. »

Déjà, la porte se rouvre et Meir Heller arrive avec sa pizza sous le bras. Je lui souris en cachant rapidement l'écran de mon téléphone.

– Je reprends sur le rôle de l'Allemagne. Vous n'en avez pas marre ? me demande-t-il en découpant des parts dans sa pizza.

— Au contraire ! dis-je, à l'affût de sa prochaine plaisanterie sur les pouvoirs des manuscrits. À quel moment l'Allemagne entre-t-elle dans le procès ? Et puis, ce sont les archives de Marbach, pas vraiment l'Allemagne, si ?

Meir Heller déplie pour moi tout l'historique des liens entre l'Allemagne et Israël dans cette histoire. En fait, depuis les années 1980, les archives de Marbach avaient un suivi du dossier Kafka. Elles avaient acquis en 2011 plusieurs documents importants, pièces maîtresses de leur exposition permanente [1]. Depuis le début des procédures, leur politique était plutôt celle de la « neutralité » : elles restaient à distance, maintenaient des liens cordiaux avec la Bibliothèque nationale israélienne (sachant le sujet brûlant !). Elles avaient même fait plusieurs propositions à Eva Hoffe pour instaurer des partenariats, mais ces propositions avaient toujours échoué... Puis, coup de théâtre, en 2016, elles décident, lors de l'appel, d'intervenir devant la Cour suprême.

— De façon assez brusque, il faut bien le dire, ces gens-là restent allemands... ironise Meir Heller.

— Oui, enfin, ils restent allemands, mais Kafka n'a pas rien à voir avec la langue allemande, comme vous le savez !

— Voilà. C'est l'argument le plus « intellectuel » qu'ils ont mis en avant. La culture allemande, l'amour de Kafka pour Goethe, sa langue sans pareille qui n'existe que par et dans leur syntaxe

Sixième jour, Jérusalem

germanique... Mais attendez. Lorsque leur avocat a décidé d'intervenir en 2016, il est entré comme un boxeur sur le ring. S'est mis à être vis-à-vis de nous dans une attitude juridiquement et symboliquement très agressive. Ce qui a laissé tout le monde bouche bée, car vous imaginez bien que dans les litiges opposant Israël et l'Allemagne, les Allemands faisaient toujours profil bas, acquiesçant et fuyant le moindre rapport de force. Là, c'en était terminé des remords et de la culpabilité. Ils voulaient récupérer Kafka, car ils considéraient que Kafka leur appartenait. Ils en avaient marre de se laisser faire. Il en allait de leur rapport à leur propre pays, leur nation, leur culture. Leur mémoire, sans doute.

— Comment cette « agressivité » s'est-elle exprimée au tribunal ?

— Je me souviens très nettement qu'à un moment, l'avocat allemand a pris la parole et a commencé à démontrer de façon scientifique que leur institution était l'une des meilleures au monde en termes de « conservation d'archives » : température des salles, qualification des archivistes, surveillance dernier cri des documents. Il a alors sous-entendu que notre Bibliothèque nationale n'était pas au niveau. Un tel mépris européen s'est exprimé, on avait l'air d'être les cousins orientaux incapables de ranger leur chambre ! J'ai hésité et je me suis dit : « OK. Ils veulent aller par là, j'y vais. »

J'irai chercher Kafka

— Aller où ? (Je ne saisis pas tout de suite son insinuation.)

— Je me suis levé et j'ai dit : « Puisque vous souhaitez aborder la façon dont l'Allemagne est capable de prendre soin de Kafka, je voudrais rappeler ici le sort de ses sœurs, et de Milena Jesenská, toutes quatre mortes dans les camps de concentration. Voulez-vous que je vous montre sur une carte ces lieux où elles ont péri ? Si Max Brod n'avait pas réussi à fuir le régime nazi en emportant ici ces manuscrits que vous protégez si bien dans vos salles à température contrôlée, il ne resterait rien à contrôler du tout. Et ni vous, ni moi ne serions aujourd'hui à cette place. »

— Pensez-vous qu'à ce moment-là, vous avez réussi à gagner ce procès ingagnable ?

— Je pense que la dimension historique du procès a alors atteint son acmé. Peut-être était-ce un peu irrévérencieux de ma part que de nommer les choses comme ça, je ne sais pas. Qu'en pensez-vous ?

— Disons que vous avez mis « les pieds dans le plat », dis-je en regardant les restes de pizza sur la table basse. Mais la dimension historique est cruciale, et le rapport à la mémoire entre Israël et l'Allemagne est au cœur du sujet. Je ne peux pas vous contredire là-dessus. Vous connaissez cette phrase de Kafka, lorsqu'il dit qu'il est comme un écuyer sur deux chevaux ? « Suis-je un écuyer monté sur deux chevaux ? Malheureusement, je n'ai rien d'un écuyer, je gis par terre [2] »...

– Oui, je m'en souviens. Je pense que cette question de la mémoire et de l'histoire est bien plus intéressante dans cette affaire que la dimension pseudo-« politique » que beaucoup de journalistes ont voulu mettre en avant. Et que maître Cassouto a beaucoup utilisée aussi...

– Vous voulez parler du comportement, comment dire... d'annexion de la part d'Israël ?

– Oui. J'ai toujours nié cette idée. Israël n'a rien violé, les manuscrits ne sont pas des territoires. Au contraire, ils doivent échapper à toute logique d'appropriation, et c'est ça qui nous guidait. Nous souhaitions les rapatrier, pas pour en être propriétaire, mais pour les rendre accessibles à tous, d'une part, et les sauver de la destruction, d'autre part. J'ai vu l'appartement de la rue Spinoza, vous non. Enfin, vous n'y êtes pas entrée, et je ne vous le souhaite pour rien au monde, Léa ! Ces manuscrits étaient en train de pourrir. Eva les transformait en détritus, ils étaient en décomposition au milieu de la litière pour chats. On ne pouvait pas laisser faire cela ! Elle nous manipulait. Cette femme voulait juste... refaire ses dents ! Croyez-moi !

Mais je ne sais plus qui croire. La veille j'écoutais Shmulik Cassouto à Tel-Aviv et j'étais convaincue que Kafka ne pouvait être dépossédé par un État comme Israël, où il n'avait jamais mis un pied, à qui personne dans cette histoire ne devait rien. Et

J'irai chercher Kafka

là, j'écoute Meir Heller et je me dis que ses manuscrits ne peuvent reposer ailleurs qu'ici, dans ces archives nationales. Ils y reposent comme dans un cimetière, et c'est sans doute le seul tombeau que l'histoire peut offrir à Kafka. Un lieu qu'il n'a pas connu mais dont il a désiré l'existence. Un lieu qui l'a sauvé sans même qu'il le sache. Et sans même qu'il désire lui-même être sauvé.

– C'est tout de même incroyable, dis-je tout haut – ouvrant mon cœur dans un mauvais anglais à cet avocat à la fois grotesque et charismatique –, cette indécision que je ressens ! Je ne sais plus. Et surtout, j'ai l'impression que c'est exactement la même indécision que celle décrite par Kafka dans tous ses textes. Et en premier lieu dans *Le Procès* ! Vous ne trouvez pas étonnant que l'auteur du *Procès*, avec les infinies possibilités d'interprétation auxquelles la justice doit faire face, se retrouve lui-même au cœur d'une histoire judiciaire semblable…

– Oui oui, on a beaucoup répété cela, me répond-il légèrement irrité : Kafka, Kafka, c'est kafkaïen, c'est kafkaesque, c'est encore une histoire de Kafka, il aurait pu l'écrire, etc., etc. Peut-être, dites-le si cela vous fait plaisir, démontrez-le, faites-en des pages et des pages de philosophie, ce sera sûrement passionnant. Mais moi qui ai conduit cette affaire depuis le début, je vais vous dire la vérité : c'est pas Kafka, c'est une télénovela ! Une histoire d'amour à trois, une mère et sa fille contaminées par la folie, un désir d'argent et de reconnaissance qui fait tout

Sixième jour, Jérusalem

flamber. Vous en regardez aussi, des télénovelas, Léa ?

— C'est le lieu où Kafka rencontre la télénovela, dis-je, au milieu d'un grand rire, et ce lieu, je l'entrevois aujourd'hui grâce à vous. Merci pour cela, maître. Je vais devoir vous quitter.

— Revenez me voir avec votre livre, Léa !

Après avoir salué l'assistante aux cheveux d'Olivia Newton John, je reprends mon petit ascenseur, joyeuse, pleine d'entrain. L'image qui me vient est celle de mon voyage en avion pour venir ici, le biopic de Céline Dion au-dessus de Jérusalem en approche. Quelques dizaines de kilomètres en dessous, aujourd'hui, je suis entrée dans le film. Je ne sais rien de ce qui m'attend. Le réel se dérobe, comme dans un rêve où tout peut changer de place. Le réel n'existe plus que fécondé par la fiction, enrobé dans la langue de Kafka. Je ne sais plus quelle est cette langue. Je ne sais plus grand-chose, mais j'ai l'impression que ma force augmente, que l'histoire continue. J'ai l'impression d'être immortelle.

VI

Les manuscrits

Jérusalem, mars 2022

Septième jour, Jérusalem

Une lettre de moi en train de cheminer vers vous

J'ai déjà passé deux journées entières à Jérusalem et je n'ai pas encore mis les pieds à la Bibliothèque, la raison centrale de mon voyage ici. Le hasard du calendrier et des rendez-vous successifs l'a voulu, mais cela modifie mon appréhension en un sens qui ne me déplaît pas. C'est une question d'appréhension, précisément. Appréhender signifie à la fois saisir au corps (la police a appréhendé le voleur), craindre quelque chose, et le saisir par l'imagination (chez Kant). Ces quarante-huit heures ont ouvert en moi la possibilité d'appréhender cet espace-temps, d'apprendre à le laisser vivre autour de moi. Pas à côté ou en face de moi, pas comme un décor chargé, ni même comme un lieu à regarder – mais comme une vie qui se met à m'entourer. Jérusalem m'étreint, j'accepte quelques pas de danse, bien que maladroits : comme dans

J'irai chercher Kafka

le fragment de Kafka, il faut imaginer « un cours de danse à son premier quart d'heure ».

Ce matin j'apprends à danser, je piétine mais je danse. Je quitte le petit studio avec le ventre noué des grands rendez-vous. Tout est programmé, l'archiviste m'attend, les dossiers sont commandés. Ce matin, je vais voir les manuscrits de Kafka.

Je rejoins la grande avenue Bezalel où je dois prendre un bus en direction de la Bibliothèque. Il monte sur une colline blanche, me dépose à l'arrière d'un immense ensemble de bâtiments modernes, « terminus, Bibliothèque », j'ai l'impression d'être propulsée de cet autobus comme une balle dans un flipper. Je cherche mon chemin, fais le tour plusieurs fois, ne croise personne. Le fait d'être sur une colline de roches et d'oliviers autour renforce le doute, suis-je au bon endroit (et combien de fois par jour dans ce pays vais-je donc me poser cette question ?)

Le bâtiment qui abrite la Bibliothèque est rectangulaire, en béton, les lignes sont droites et les angles aigus, tout semble vieillot, on dirait que des architectes des années 1960 ont essayé d'imiter un château fort du Moyen Âge (au premier étage, les fenêtres sont comme des meurtrières). Seuls les pins parasols qui entourent le lieu lui donnent un peu d'éclat. Je m'approche, il est écrit en lettres noires sur un mur gris, plein de coulures d'humidité : « The National Library of Israël » en hébreu, arabe et anglais. Je prends une photo de la façade avant

Septième jour, Jérusalem

d'entrer, l'image est surexposée, un grand rayon de soleil la traverse, on me voit dans le reflet de la vitre, j'y reconnais la sensation étrange de ce moment – ça y est, j'y suis, vertige de la rencontre, peur de la désillusion.

Je suis troublée par la non-concordance entre l'importance symbolique du lieu, qui abrite, comme le dit sa propre charte, « les trésors de la littérature juive », et sa non-beauté, son absence de faste. Nous avons l'habitude, en France, et quasi partout dans le monde occidental me semble-t-il, de faire concorder la fonction d'un lieu (d'un monument) avec la grandeur et la richesse extérieure de son architecture, de ses matériaux – l'apparence doit être le reflet du symbole. Cela vient sans doute des églises, qui doivent inspirer aux fidèles la grandeur divine. Les synagogues, elles, n'ont jamais eu cette fonction : elles peuvent se bricoler sous des toits de tôle ou dans des rez-de-chaussée d'immeubles, car dans le judaïsme la grandeur ne vient pas de l'édifice, qui peut toujours être détruit (destruction du Temple), mais de la Torah que le lieu abrite, derrière une porte. Le sacré c'est le texte, pas le lieu.

Notre Bibliothèque nationale française impose et exprime la grandeur de notre littérature par la beauté de son ancienne architecture, rue de Richelieu, la salle ovale, ses plafonds peints ; ou par la hauteur de ses tours vitrées, sur le site de Tolbiac, que François Mitterrand, conscient des enjeux, a souhaité nommer la « très grande bibliothèque » : ni nationale ni seulement grande, mais très grande.

Ici, en Israël, le contenant n'est pas tenu de refléter le contenu, les trésors ce sont les manuscrits, les textes, les écritures. Tout lieu physique porte en lui la possibilité de sa destruction, mais aussi de sa disparition, de son déménagement [1] – les Juifs le savent, qui connaissent un exil multimillénaire, Kafka le sait aussi, qui parle de ses textes comme des vagabonds, des sans-patrie. Les manuscrits sont là, mais rien ne nous dit qu'ils sont ici chez eux, ce sont des sans-domicile fixe, d'ailleurs ils n'ont été rassemblés ici (je m'aperçois à quel point il est impropre d'écrire qu'ils ont été *rapatriés*) qu'il y a quelques mois. Ici, où je me trouve, à cet instant, moi qui les lis depuis tant d'années sur d'autres feuilles, d'autres papiers, dans d'autres lieux.

Au moment où je descends les quelques marches qui me conduisent à la « controlled temperature room » indiquée par une flèche en carton, je pense que moi aussi je suis pour la première fois « rassemblée » ici avec ces textes. Depuis qu'ils sont entrés dans ma vie (son visage en noir et blanc, l'été de mes neuf ans) j'ai toujours lu ces textes dans des lieux qui n'étaient pas les leurs. Dans des livres, alors que Kafka ne les désirait pas tous voir publiés, alors que de ses yeux, il en aura vu si peu, de livres de lui [2] ; dans des traductions bien souvent, et dans un pays, la France, qu'il n'avait fait

Septième jour, Jérusalem

que traverser. J'étais, depuis tout ce temps, à la fois habitée par Kafka, et si loin de tout ce qu'il était, comme séparée de la source par une chaîne infinie et improbable de médiations, faites de langues étrangères, de kilomètres de distance, de gouffre historique.

Il est mort il y a cent ans.

Ce matin-là, en moi, quelque chose de lui renaît, se ranime, se rapproche, je le sens dans la timidité de mes pas et la maladresse de mes gestes, je suis au bord d'un lieu de mort et de vie mélangées, tout se passe comme si j'étais la première personne au monde à me tenir au seuil de son tombeau.

La dame de l'accueil me demande de déposer l'ensemble de mes affaires personnelles dans un sac qu'elle me tend, il est transparent avec des poignées oranges, et un numéro écrit au feutre noir, on dirait un de ces sacs de plage qui sont offerts gracieusement en pharmacie lorsque vous achetez deux crèmes solaires. J'ai le sac numéro 66. J'y glisse mes deux Pléiades et mon gros pull-over. « Votre place est réservée, une personne en bas vous attend. »

*
* *

Sur la porte vitrée de cette salle en sous-sol il est inscrit « Special collections reading room ». Une jeune femme me demande mon passeport et sort une série de boîtes et de pochettes à mon nom (c'est émouvant de voir mon nom écrit ici). J'avais commandé depuis Paris les textes que je désirais consulter, plusieurs semaines auparavant, de manière compulsive et désordonnée. Ce désordre se retrouve dans la façon dont les dossiers sont ici disposés. Je ne sais pas par où commencer, mais mon regard est immédiatement attiré par une pochette beige, nouée d'une petite ficelle, où il est écrit « brouillon d'une lettre à Felice, 1912 ».

« Je prends celle-ci pour commencer », dis-je à la jeune femme qui sent ma fébrilité et tente de me mettre à l'aise. Je m'installe sur ma chaise et je regarde pendant plusieurs secondes cette pochette cartonnée sans oser y toucher. Ce ne sont pas des fétiches, me dis-je, agacée par ma propre timidité, embarrassée par une émotion un peu infantile. Je choisis cette lettre presque au hasard, et il se produit alors, une fois de plus, un faisceau de coïncidences qui me donne à penser que je redeviens le personnage d'une fiction qui m'échappe, d'une histoire que Kafka écrirait ou procréerait à contretemps.

Je dénoue cette ficelle blanche, et je me mets à pleurer, il est trop tard désormais pour tenter de contrer cet état qui m'insupporte autant qu'il m'envahit, je laisse couler.

Je découvre son écriture. Ses « pattes de mouche », comme il les appelle, graphiques et bordéliques à la fois, ses lignes régulières et penchées. L'encre. Le grain du papier et du contact sur la

Septième jour, Jérusalem

peau. Ce n'est rien et c'est tellement à la fois, léger et infime, décontenançant de beauté. L'histoire prend sens : c'est parce que je sais la trajectoire de cette feuille de papier, c'est parce que je sais tout ou presque des nombreuses fois où elle aurait dû être détruite, brûlée, spoliée, oubliée, que j'ose à peine la tenir entre mes mains. J'essuie mes larmes et je me lave les mains au gel, une fois, deux fois, comme si je pouvais la salir ou la contaminer, « mon histoire est sortie de moi comme une véritable délivrance, salie de mucus », écrira Kafka dans une lettre à Felice quelques jours après avoir écrit ce brouillon-ci.

Nous sommes dans la nuit du vendredi 8 au samedi 9 novembre 1912. Kafka a rencontré Felice Bauer chez Max deux mois auparavant, le 13 août 1912. Jeune femme décrite comme enthousiaste, indépendante et pleine d'énergie, Felice est alors employée d'une firme qui fabrique des phonographes et des dictaphones. Au mois de novembre, ils s'écrivent déjà beaucoup, et la correspondance prend d'emblée un caractère amoureux. Kafka s'épanche, il s'obsède, se livre beaucoup. Lorsqu'on lit l'ensemble de ses lettres dans l'ordre chronologique de leur écriture, on sent assez vite se former en lui des mouvements contraires : son obsession lui fait peur, il donne puis reprend, s'avance en reculant, il ne sait pas faire. Surtout, on se demande s'il désire l'aimer, ou simplement lui écrire. Tension insoluble qui les conduira jusqu'à la rupture, à deux reprises, de fiançailles prometteuses : une première fois en 1913, puis définitivement en décembre 1917. (Kafka, dès lors, ne résoudra jamais plus cette impossibilité : elle se reproduira avec Milena dans une intensité similaire, peut-être plus forte encore. Il vivra uniquement avec Dora, dans les derniers mois, une histoire d'amour ancrée davantage dans le réel que dans le fantasme de l'écriture épistolaire. Mais Kafka, déjà très malade, sait pertinemment dès le jour où il la rencontre que la mort le séparera d'elle sous peu.)

En cette nuit de novembre 1912, donc, il veut en finir avec Felice, et voici la lettre que je déchiffre en tremblant :

> Très chère Mademoiselle,
> Vous ne devez pas continuer à m'écrire, et moi non plus, je ne continuerai pas. Mes lettres ne pourraient que vous rendre malheureuse, et quant à moi, n'est-ce pas, rien ne peut m'aider. Pour m'en apercevoir, j'aurais pu me passer de compter toutes les heures que j'ai entendu sonner cette nuit ; je le savais clairement avant même de vous écrire ma première lettre, et si cela n'était déjà fait, je mériterais assurément d'être maudit pour avoir tenté quand même de m'accrocher à vous. Si vous voulez récupérer vos lettres, je vous les renverrai naturellement, quel que soit mon désir de les garder. Si vous les voulez cependant, envoyez-moi, pour me le faire savoir, une carte postale vide. Les miennes, en

Septième jour, Jérusalem

revanche, je vous demande aussi instamment que je le puis de les conserver. Oubliez vite le fantôme que je suis et retrouvez la vie gaie et sereine qui était la vôtre auparavant.

Je la déchiffre en allemand et je m'empresse d'en chercher la traduction dans le tome de la Pléiade qui me suit depuis mes vingt ans, et que j'ai déposé ce matin dans mon sac aux poignées orange. Première expérience troublante : à la date inscrite, je ne la trouve pas – et pour cause, cette lettre est un brouillon, Kafka ne l'a jamais envoyée, c'est d'ailleurs sans doute la raison pour laquelle elle s'est retrouvée dans le fonds Max Brod que j'ai entre les mains.
    Je me dis que Max a dû la retrouver parmi les liasses du dernier étage de la Maison Oppelt, dans le bureau qu'il a commencé à fouiller après les funérailles de Franz.
    L'expérience du premier manuscrit résonne avec l'expérience fondamentale qui est la mienne, et la vôtre, celle de tout lecteur de Kafka : je lis un texte non seulement inachevé, mais interdit par l'auteur. Il n'a pas souhaité que ce texte soit lu, pas même par sa seule destinataire.
    D'ailleurs – et cela n'est-il pas plus troublant encore ? – la lettre évoque cette question, de la lecture ou non, de la disparition du texte ou non, de l'avenir ou de la destruction des mots ici tracés par sa main. En fait, cette lettre ne parle que de ça,

d'elle-même, de son statut et de son devenir en tant que document. Franz désire garder les lettres que Felice lui a envoyées, mais il accepte si elle le souhaite de les lui renvoyer. Pour éviter que cette demande ne fasse elle-même l'objet d'une lettre (ce qui contrarierait la décision prise ici : plus de lettres, pas une) Franz lui propose un code. Ce code me ramène à l'origine même de mon propre texte sur lui – cela crée en moi, sur mon cœur qui palpite et s'accélère, un électrochoc : « envoyez-moi, pour me le faire savoir, une carte postale vide ».

Mais moi, je ne peux t'oublier, fantôme du bureau de mon père, fantôme de mes cauchemars d'enfants, toi qui venais alors troubler mon sommeil au point de me faire escalader la fenêtre de la maison de vacances.

Avez-vous déjà fait l'expérience de comprendre, sans vous y attendre, le sens d'un souvenir d'enfance ? C'est ce qui se produit alors pour moi : ces lignes manuscrites de Kafka se mettent à tracer un trait précis entre la carte postale en noir et blanc, trésor du bureau de mon père, et la « carte postale vide » que Franz propose ici à Felice comme un code silencieux de rupture. Ce code silencieux signifie : si c'est vide, c'est que tu veux reprendre tes textes, c'est que je dois te les retourner. En ayant cette lettre jamais envoyée entre mes mains, mes mains de femme de trente-cinq ans

Septième jour, Jérusalem

venue ici à Jérusalem, je comprends la déception de mon enfance : ce jour où, levant l'interdit et laissant libre cours à ma curiosité, je m'étais décidée à entrer en cachette dans le bureau de mon père pour retourner ce bout de papier, au dos duquel j'espérais trouver une clé, et briser les secrets silencieux de mon père.

La carte postale qui représentait ce visage en noir et blanc m'effrayait, m'attirait – mais la découverte fut une non-découverte absolue : elle était vierge. Elle n'avait en apparence rien à me dire qui m'eût alors été caché. Elle ne faisait que redoubler le silence. Elle m'a toutefois offert un code. Un code que je suis peut-être venue lire, ici, aujourd'hui. Ce vide n'était pas tout à fait vierge : il m'offrait une enquête à mener, une langue à traduire. Il m'a emmenée ici, retrouver les textes, il m'a fallu vingt-six ans. Le premier manuscrit m'émeut car c'est celui-ci, et pas un autre : la lettre manquante qui ne figure pas dans la traduction, la lettre volée par Max dans le bureau alors qu'on venait d'enterrer son ami, la carte qui me ramène en enfance, celle que vous cherchez partout, même dans les recoins les plus reculés des espaces les plus compliqués, alors qu'elle était là, sous vos yeux. En n'écrivant rien et en posant cette carte en évidence, mon père me décevait *et* m'offrait une promesse, une recherche ou un pari, comme un oracle, tu retrouveras ses textes.

J'irai chercher Kafka

Kafka se sait fantôme, il connaît son pouvoir de réduction, il sait qu'il habite comme personne sa propre absence. Il met en scène sa disparition. Et puis finalement, il n'envoie pas la lettre.

* * *

La lettre suivante, envoyée, figure bien dans la Pléiade. C'est le lendemain matin. Kafka y évoque une nuit difficile. Elle se termine ainsi : « je vous expliquerai exactement pourquoi je ne vous ai pas écrit hier. Je jette cette lettre à la boîte telle qu'elle est, parce que je souffre qu'il n'y ait pas au moins une lettre de moi en train de cheminer vers vous. Adieu donc pour quelques heures [3] ».

Dans mon carnet je note : « lettre de rupture à Felice, pas dans ma Pléiade, <u>carte postale vierge</u>. Puis, dossier suivant, dans une pochette identique avec une ficelle : "journal de Max Brod 1925-1928" : carnet en cuir noir, incroyable de le tenir entre mes mains. Pages remplies, peu lisibles, 11 h 50 ».

Il est déjà midi et j'ai rendez-vous à l'autre bout de la ville, à l'institut Van Leer, avec Benjamin Balint. Je quitte les archives pour deux heures mais c'est un petit arrachement, remonter les marches et trouver mon chemin.

* * *

Septième jour, Jérusalem

Dans le livre qu'il a publié en 2018, Benjamin Balint retrace l'histoire des manuscrits et des procès auxquels il a pu assister. Lorsqu'il a commencé à travailler à son livre, Eva Hoffe était encore en vie – et il est l'un des seuls observateurs de cette histoire à avoir réussi à l'atteindre, elle qui fermait sa porte à quiconque tentait d'entrer dans la rue Spinoza, gardée par ses chats. Son approche en est singulière, différente de celle des journalistes israéliens qui ont alors « couvert l'affaire », à grand bruit puisqu'il faut rappeler qu'en Israël, cette histoire tint lieu de chronique judiciaire pendant plusieurs années. Benjamin Balint a voulu écouter Eva Hoffe, prendre au sérieux le droit de cette femme à son héritage. Il analyse par ailleurs avec acuité, précision, les enjeux politiques d'une affaire qui, derrière la silhouette de cette femme seule contre tous, charrie le rapport d'Israël à son « patrimoine », la littérature juive. Il décrit à la fois une saga littéraire, et un « moment » où l'identité israélienne se trouve prise dans la dichotomie entre l'idéal sioniste (rassembler nos trésors ici) et l'héritage de la diaspora (Kafka n'était pas « israélien », c'est le moins que l'on puisse dire...). Son ouvrage est une référence aujourd'hui en Israël (je l'ai d'ailleurs retrouvé sur le bureau de l'avocat la veille). Il constitue pour moi, depuis mes premières recherches, une source importante. C'est pourquoi j'ai spontanément pris contact avec lui dès la préparation de mon séjour – « j'ai environ un million de questions à vous poser », disait mon premier mail, qui débouche enfin sur ce rendez-vous de fin de matinée.

L'institut Van Leer, auquel il est rattaché, est un lieu impressionnant, vaste, clair, tout de baies vitrées entouré, et le jardin est sublime. Benjamin m'accueille avec une gentillesse enthousiaste, et rit lorsque je dis, en parlant trop fort et dans un anglais approximatif « je ne sais pas comment te remercier de cet accueil, moi qui pensais que tu redouterais que je plagie ton livre ! ». La première question que je lui pose est celle d'Eva Hoffe. Qui était-elle ? J'ai l'impression qu'il est le seul à ne pas penser qu'elle est folle.

— Eva était une femme très intelligente, me dit-il, l'image que cette histoire nous a laissée d'elle a été construite par la presse. Elle s'est sentie pourchassée, et c'est devenu un cercle vicieux : ils faisaient d'elle cette femme folle et aigrie qu'elle finissait par devenir. Son attachement aux manuscrits disait un autre attachement : à sa mère Esther, à Kafka qui représentait un passé perdu, et surtout à Max Brod. Pour Eva, c'était une figure paternelle. Elle m'a souvent raconté qu'il l'emmenait enfant à la Philharmonie, prenait la partition du morceau joué, et la faisait suivre avec son doigt sur les portées de musique. Eva est devenue professeure de musique, elle poursuivait le geste de Max. Peut-être le poursuivait-elle aussi avec les manuscrits de Kafka : elle voulait les garder.

Septième jour, Jérusalem

Lorsque je lui demande de quelle façon Eva conservait les manuscrits, Benjamin ne dément pas une seconde ce que tous les autres protagonistes m'ont affirmé jusqu'ici. Bien sûr, tout était *all mixed-up*. Eva connaissait mal Kafka. Mais elle parlait comme un personnage de Kafka, seule contre tous.

Je pense alors au titre du magnifique livre de Marthe Robert, *Seul, comme Franz Kafka*, je pense à la solitude essentielle qui était celle de Franz, et qui s'est comme répandue ensuite sur cette constellation de personnages venus après lui : Max, Esther, Eva. La solitude comme une traînée de poudre.

Alors que je l'interroge sur la dimension politique des procès, les raisons profondes qui auraient poussé l'État, à travers sa « Bibliothèque nationale », à vouloir mettre la main sur ces manuscrits, Benjamin Balint m'expose une hypothèse intéressante – et pour moi, troublante ce matin-là, car elle nous ramène à la question du père. Selon lui, l'ambivalence profonde qui sous-tend cette affaire est celle du rapport entre Kafka et le sionisme. Chez Kafka, dans sa vie et dans ses textes – la Lettre à son père, mais pas seulement – les fils sont faibles, et les pères sont forts (souvenons-nous, dans ladite lettre, de la cabine de piscine dans laquelle le jeune Franz se sent écrasé par le corps de son père tout entier). Dans l'idéologie sioniste, celle qui prévalait à la construction de l'État, la position est diamétralement inversée : les pères, ceux des générations d'avant, ont été faibles, et nous les nouveaux arrivants, les fils, serons les forts, bâtirons depuis cette force un pays neuf, qui rassemblera tous les trésors jusqu'ici éparpillés par l'exil.

— Mais dans ce cas, pourquoi vouloir faire de Kafka, le fils faible, un écrivain de leur patrimoine « sioniste » ?

— Parce que le projet est de tout rassembler *ici*, en Israël, m'explique-t-il. C'est le sens profond de la « reconstruction », en hébreu cela s'appelle « le kinous » — l'idée est de rassembler tout le judaïsme en Israël, pas seulement les personnes physiques. Ils ont « récupéré » des tableaux de Chagall à Paris, ou encore des fresques peintes par Bruno Schulz, rapportées ici par des agents du Mossad [4]. C'est un projet politique et symbolique. Or Kafka fait partie de cet héritage. Il devait physiquement être amené ici.

À ce moment-là, sans oser l'évoquer, je pense au procès d'Adolf Eichmann, autre moment où l'identité israélienne s'est façonnée à l'articulation du juridique, du politique et du symbolique. L'enjeu était de juger Eichmann, personnalité centrale dans l'exécution de la Shoah par les nazis ; et de le juger ici, à Jérusalem. À l'issue du procès, des juristes du monde entier, y compris ceux qui avaient initialement remis en cause la légitimité

Septième jour, Jérusalem

d'Israël à opérer ce procès, ont reconnu l'impartialité du processus juridique mis en place et la validité du verdict. Eichmann est condamné à mort par pendaison. Cette condamnation ouvre alors une série de débats philosophiques : la Constitution israélienne ne prévoit pas la peine de mort, faut-il faire une exception [5] ? Mais, une fois le débat tranché en faveur de la peine de mort exceptionnelle, cela soulève aussi des questions plus… pratiques : où disperser ses cendres ? La réponse à cette question me trouble et me marque. Voici ce qu'ils ont décidé de faire : le 1er juin 1962, avant le lever du jour, trois personnes à bord d'un minuscule bateau à moteur ont emporté l'urne du criminel nazi juste au-delà de la limite des eaux territoriales israéliennes, pour y jeter ses cendres. Il avait été jugé *ici*, mais rien de lui ne devait rester dans l'enceinte du pays. Aucune trace.

J'explique à Benjamin que je suis très bousculée, depuis mon arrivée, de sentir bouger sans cesse la frontière si trouble, dans toute cette histoire, entre le monde de Kafka – son monde de fiction – et la réalité. Plus je scrute le devenir de ces manuscrits, plus j'ai l'impression de lire (et d'écrire) une histoire de Kafka après Kafka. Lorsque j'ai posé cette question à Meir Heller, l'avocat de la Bibliothèque, il l'a prise un peu au second degré, disant que certes, le procès était kafkaïen, mais qu'il s'agissait sans doute d'une projection de lectrice… Qu'en

J'irai chercher Kafka

pense Benjamin Balint, qui est lui aussi au fond, en premier lieu, un lecteur de Kafka ?

– La question, réfléchit-il à haute voix, c'est le rapport entre la littérature et son destin. Lorsque j'ai assisté au procès, je l'ai ressenti aussi. Cela s'est joué à travers un détail d'ailleurs : arrivant dans le hall de la Cour suprême, je m'attendais à trouver de nombreux journalistes, des curieux, une foule. Il n'y avait presque personne. En fait, sur l'écran qui indiquait quel procès se tenait dans quelle salle d'audience, il y avait eu une sorte de bug. Celui des manuscrits de Kafka apparaissait ainsi : « Anonymus Versus Anonymus ». Je ne l'ai repéré que parce que je connaissais le numéro du dossier ! La salle était presque vide. Comment ne pas penser aux textes de Kafka ?

Dans son livre, il décrit justement Eva Hoffe comme un personnage de Kafka. J'essaye d'imaginer sa réaction à l'issue du verdict de ce dernier procès, verdict qui entérinait la décision de rassembler l'ensemble des manuscrits à la Bibliothèque.

– Elle était déshéritée. Dépossédée, se souvient Benjamin. Lorsque je l'ai revue quelque temps après à Tel-Aviv, elle avait arrêté de manger. Elle picorait dans une assiette de purée. Elle disait que de toute façon, même si elle faisait une grève de la faim, ils la forceraient à s'alimenter. Elle se sentait persécutée. Comme je l'écris à la fin du livre, elle-même se comparait au Joseph K. du *Procès* de Kafka : dans les deux cas, disait-elle, un système

Septième jour, Jérusalem

arbitraire s'était insinué dans les espaces public et privé. « Depuis le début, disait Eva, je me suis sentie comme un animal que l'on emmène à l'abattoir[6]. »

Eva Hoffe est morte le 4 août 2018, deux ans presque jour pour jour après ce dernier verdict, alors même que tous les coffres n'avaient pas encore été déposés à la Bibliothèque, et quelques semaines avant la publication du livre de Benjamin Balint, qu'elle attendait.

*
* *

Comme j'ai laissé mon exemplaire de son livre dans le sac aux poignées orange 66 qui m'attend à la Bibliothèque, je demande à Benjamin de m'écrire une dédicace dans le petit carnet qui me suit partout. Dans ce carnet figurent aussi les notes prises à Paris, lorsque je préparais mon séjour ici. Aidée, on s'en souvient, par l'écrivaine et traductrice Valérie Zenatti, qui m'a aiguillée dans de nombreuses rencontres, j'y avais noté sur son conseil le nom d'une poétesse israélienne que Valérie avait traduite en français, Michal Govrin. L'un de ses livres, *Sur le vif*, faisait partie de ceux que j'avais glissés dans ma valise. Dans mon carnet, j'avais noté à côté de son nom et du titre de son livre : « Kafka, évidemment ». Valérie Zenatti avait prononcé cette phrase au sujet de Michal Govrin, me disant qu'elle était habitée par cette figure, et aurait certainement des choses à dire sur son héritage. Mais j'avais dû renoncer à cette rencontre : renseignements pris par Valérie, malheureusement, Michal serait en Europe au moment de mon voyage.

Lorsque Benjamin Balint commence à me raccompagner vers la porte de l'institut Van Leer, me montrant depuis le haut la salle de lecture (immense et magnifique), il me dit : « Attends, je vais te présenter une amie, elle connaît bien la France. »

Quelques minutes après arrive une femme grande, belle, qui se présente à moi dans un sourire très doux :

– Enchantée, je suis Michal Govrin.

– Mais c'est incroyable, j'ai noté votre nom dans mon carnet, regardez !

Et je leur montre à tous les deux cette page écrite à Paris : « Kafka, évidemment ! »

J'explique mon lien à Valérie Zenatti, et alors que je prononce à nouveau mon nom de famille, Michal s'arrête. « André Veinstein était-il votre grand-père ? »

Oui, André est le père de mon père, un homme taiseux que j'ai très peu connu. Pour moi, André et le judaïsme sont deux sphères hétérogènes, impossibles à relier d'aucune façon, deux planètes qui n'appartiennent pas au même système, deux maillons de mes « origines » impossibles à emboîter l'un dans l'autre. Pourtant, André était juif, il nous a donné ce nom de famille. Lorsque j'ai voulu faire

Septième jour, Jérusalem

des recherches sur la famille, mon enquête s'est portée sur le père de ma grand-mère Jacqueline, l'autre branche de la famille donc. J'ai alors questionné ce silence. Je n'ai pas cherché tellement du côté d'André. J'avais le sentiment que l'assimilation de son côté était telle qu'il n'y avait même pas de « rupture avec le judaïsme » à sonder. La dernière fois que j'ai vu André, c'était dans un restaurant dans lequel il avait ses habitudes, près des Halles à Paris, appelé – je vous prie de me croire sur parole – Le Pied de cochon. Je n'aurais pu l'inventer. Il parlait uniquement de théâtre (qu'il avait enseigné à l'université).

Alors, que vient faire ce prénom ici à Jérusalem, sur les lèvres de cette femme poète que je n'aurais pas dû croiser ? Je suis stupéfaite de l'entendre. Et Michal semble tout aussi troublée de me voir ici, lorsque je lui explique que je suis en effet la petite-fille d'André.

– Lorsque j'étais étudiante, je suis allée faire une partie de ma thèse à Paris, m'explique Michal. Je travaillais sur les traces du théâtre yiddish dans les pièces contemporaines. André a été mon directeur à l'université de Vincennes. Il m'a beaucoup soutenue, a accompagné de près mon travail. Je me souviens même de l'appartement, rue Spontini, je crois que j'y ai rencontré votre grand-mère. Ils avaient organisé une petite réception pour moi après la soutenance, sachant que ma famille était en Israël.

J'irai chercher Kafka

Je suis absolument soufflée d'entendre évoquer ce lieu de mon enfance, ici, maintenant.

– Ah vous avez rencontré ma grand-mère ? Mais c'est incroyable ! Ça signifie qu'ils vivaient encore ensemble à l'époque ! Moi, je ne les ai jamais connus ensemble, ils s'étaient déjà séparés quand je suis née. La rue Spontini, c'était tous les dimanches après-midi, aller rendre visite à mamie, qui y vivait seule.

– Oui, il me semble que juste après ma thèse, j'ai entendu dire qu'André avait, comment dites-vous (Michal parle un français poétique et original), « pris ses allumettes », c'est ça ?

– Oui, peut-être ! dis-je, alors que je comprends qu'elle veut sans doute dire plutôt : « prendre ses cliques et ses claques ».

Quelle beauté de dire *prendre ses allumettes* ! J'imagine une grande boîte, les allumettes à frotter pour enflammer, comme une promesse d'avenir dangereuse. La chanson de Gainsbourg chantée par Birkin me vient à l'esprit, et ne me quittera plus de l'après-midi ensuite.

> Il est parti chercher des cigarettes,
> En fait,
> Il est parti.

J'essaye de raconter à Michal et Benjamin à quel point il est pour moi improbable, presque grotesque, de retrouver ici, dans cette ville qui m'est

Septième jour, Jérusalem

en tout point étrangère, des traces de cette famille paternelle pour qui le judaïsme n'était devenu que l'objet d'un puissant déni. Je montre à Michal des photographies de mon père, curieuse de savoir si elle lui trouve une ressemblance avec l'André qu'elle a connu étudiante.

– Un peu, mais votre père a un visage beaucoup plus doux. Les yeux sont très différents. Mais si je regarde le bas du visage oui, je trouve un lien.

Je leur raconte que je garde d'André le souvenir d'un homme silencieux, Michal s'en étonne un peu. Une chose me surprend encore plus, lorsque je la mets en face de ce règne du silence des pères et des fils : l'implication d'André dans l'encadrement du travail de cette jeune étudiante venue travailler sur les traces du théâtre yiddish. Je demande à Michal si elle se souvient de discussions avec André à ce propos, d'un éventuel rapport au judaïsme qu'elle aurait entrevu chez lui.

– On ne parlait pas de cela aussi frontalement à l'époque. Il ne me serait jamais venu à l'esprit, et à lui non plus, encore moins même, de se demander : Vous êtes juif ? Comment avez-vous traversé la guerre ? C'était impensable. Mais bien sûr, mon itinéraire et mon sujet ne disaient que cela. Il s'y intéressait vraiment, de près, avec une grande authenticité, il en était profondément curieux. Je ne peux pas vous dire plus.

Pour moi, c'est déjà beaucoup.

J'irai chercher Kafka

Nous échangeons nos coordonnées, et ce trio éphémère improvisé au rez-de-chaussée de l'institut Van Leer se dissout ; je demande comment je peux retourner rapidement d'ici à la Bibliothèque.

— Il y a un bus, mais en taxi ça peut être rapide et ce n'est pas très cher, me disent-ils.

— Ah non, les taxis, maintenant, j'évite ; à Tel-Aviv, un chauffeur m'a donné un billet de Monopoly !

Dans le bus qui remonte en direction de la colline, d'un coup, le sourire encore accroché aux lèvres et pleine de la joie de cette rencontre fortuite, je réfléchis au message que je vais pouvoir envoyer à Valérie Zenatti pour lui en faire part. L'écran de mon téléphone se remplit d'eau, comme s'il se retrouvait soudainement sous un robinet, je ne me suis même pas rendu compte que je pleurais — des larmes neutres, de joie et de chagrin mélangés, indolores, quasi insensibles, j'ai l'impression qu'elles ne sont pas de moi, ne coulent pas de mes yeux, viennent d'ailleurs, de plus loin. Ce sont des larmes totalement silencieuses.

Peut-être ne peut-on dans une vie qu'écrire plusieurs fois le même livre.

***

En 1911, Kafka découvre le théâtre yiddish à l'occasion d'une représentation au café Savoy, à Prague, où il passe la majeure partie de son temps.

Septième jour, Jérusalem

La troupe arrive de la ville de Lemberg (Lviv), capitale de la Galicie. D'après les échos que l'on trouve dans le Journal, et si l'on observe les rares images qui en existent, on peut imaginer un univers aux traits appuyés, quelque part entre le cirque et le Mime Marceau, ambulant. Kafka consigne en premier lieu l'aspect caricatural de la gestuelle et des mimiques, des grimaces qui le fascinent. Il se lie assez vite d'amitié avec l'un des comédiens de cette troupe, Itzhak Löwy, qu'il fréquente assidûment. Les deux hommes échangent, Franz veut tout savoir de cette culture ancestrale et orientale dont il sent, et fantasme à la fois, qu'il est originaire. L'assimilation de son père (qui a quitté le shtetl pour la ville) l'a privé d'un pays natal qu'il retrouve alors avec passion. Sans doute cette rencontre avec Löwy, le théâtre puis la langue yiddish constitue-t-elle l'élément déclencheur d'un questionnement sans fin, chez Kafka, sur sa propre judéité – ce nœud du cœur, cette ambivalence fondamentale que nous aimons tant chez lui et que personne n'a jusqu'ici vraiment éclaircie « qu'ai-je de commun avec les Juifs, c'est à peine si j'ai quelque chose de commun avec moi-même », a-t-il écrit.

Dans la Lettre à son père apparaît la figure de Löwy et transparaît l'ampleur du rejet paternel, de sa violence et de sa radicalité :

> Il te suffisait que quelqu'un m'inspirât un peu d'intérêt [...] pour intervenir brutalement par

l'injure, la calomnie, les propos avilissants, sans le moindre égard pour mon affection et sans respect pour mon jugement. Des êtres innocents et enfantins durent en pâtir. Ce fut le cas de l'acteur yiddish Löwy, par exemple. Sans le connaître, tu le comparais à de la vermine, en t'exprimant d'une façon terrible que j'ai maintenant oubliée, et tu avais automatiquement recours au proverbe des puces et des chiens {qui couche avec des chiens attrape des puces}, comme tu le faisais si souvent au sujet des gens que j'aimais. Je me rappelle particulièrement bien l'acteur, parce qu'à cette époque, j'ai écrit ce qui suit sur ta manière de parler de lui : « c'est ainsi que mon père parle de mon ami (qu'il ne connaît pas du tout), uniquement parce qu'il est mon ami » [...] Personne ne te faisait pitié, ni sur le moment, ni après, on était absolument sans défense devant toi [7].

Je regagne mon studio tard dans la soirée, et m'endors lourdement, après avoir raconté à mon père au téléphone la rencontre avec Michal et le souvenir d'André, « c'est incroyable oui », me dit-il dans un murmure à peine audible.

Huitième jour, Jérusalem

Verdict

Avant-dernier matin ici. Il me reste deux journées complètes dans la salle des documents précieux. Je mets mon réveil très tôt car je veux faire une étape sur le chemin de la Bibliothèque. L'autobus qui s'y rend m'est désormais familier, bien que je mente comme une adolescente à ma mère au téléphone lorsqu'elle me demande si je prends les transports en commun. « Non non, je marche », dis-je en restant la plus vague possible. Il y a eu une autre attaque la veille dans le nord du pays, le climat est tendu, mais je continue délibérément à ne pas y prêter trop attention.

Ce bus, que je prends en réalité tous les matins, passe devant la Cour suprême : l'un des hauts lieux où notre histoire s'est déroulée – et où, d'une certaine façon, elle a pris fin. C'est là où a eu lieu le dernier procès, à l'été 2016, au moment où le

J'irai chercher Kafka

Kafka-case a atteint le haut de la pyramide judiciaire israélienne. Depuis l'arrêt de bus, on aperçoit seulement un ensemble de bâtiments ultra-sécurisés, je me dis que m'approcher, entrer, mettre mes pas dans ces longs couloirs, jeter un œil à ces salles d'audience, donnera corps à la façon un peu floue dont je me figure cette dernière séquence. Je me dirige vers l'entrée, tout est barricadé (le bâtiment jouxte celui du parlement, la Knesset, un long couloir interne les relie) – puis je comprends que je suis venue... le jour de fermeture. La porte est fermée, et cela crée un écho tel avec l'un des textes de Kafka les plus célèbres que je me mets à rire toute seule, de la situation, de ma naïveté et de moi-même, petite et chétive face à l'ampleur gigantesque de ce dispositif de sécurité.

> Devant la Loi il y a un gardien. Un homme de la campagne vient trouver ce gardien et demande à entrer dans la Loi. Mais le gardien lui dit qu'il ne peut pas le laisser entrer maintenant. L'homme réfléchit et demande alors s'il pourra être autorisé à entrer plus tard. « C'est possible, dit le gardien, mais pas maintenant. [...] Maintenant je m'en vais et je la ferme [1].

Ce court récit est tiré du *Procès* : dans le roman, il apparaît en général à l'intérieur du chapitre intitulé « Dans la cathédrale » (cela varie en fonction des éditions, car Kafka lui-même l'avait placé à différents endroits du manuscrit). Kafka le désignait

Huitième jour, Jérusalem

comme « l'histoire du gardien de la porte » ou « la légende ». Il l'a écrit en octobre 1914, et nous savons grâce au Journal qu'il en fit la lecture à Felice Bauer le 25 janvier 1915, puis à Max le 27 février. Du vivant de Franz, le texte fut publié seul dans une revue : plus précisément dans le numéro spécial de Roch Hachana de l'hebdomadaire *Selbstwehr*. Il fut ensuite intégré à l'un des rares recueils publiés de son vivant, intitulé *Un médecin de campagne. Petites histoires* (paru en 1920).

Lorsqu'on le lit seul, on a un concentré de ce que Kafka « aimait par-dessus tout écrire [2] », mais, surtout, de ce que Kafka nous fait. On se demande à chaque phrase, presque à chaque mot, ce que cela signifie – comme si chaque syllabe était à la fois d'une simplicité abyssale et d'une complexité sans fond ; comme si chaque mot, tel un train, pouvait littéralement en cacher un autre, comme si le texte au fur et à mesure se dérobait à notre compréhension. On sent qu'il y a là, comme dans une parabole, une fable ou une allégorie, une signification à délivrer, mais dès qu'on croit en attraper une elle nous échappe.

Ce texte fait partie de ceux que les exégètes ont le plus décortiqués : il est tantôt ramené à la biographie (l'impossibilité de la relation amoureuse, interdite), tantôt au Talmud (pour sa dimension parabolique, qui rappelle bien des histoires de ce que l'on appelle la Haggadah), ou encore au Midrash (l'homme de la campagne pourrait être rapproché de la figure de Moïse, arrêté par un gardien du ciel dans sa montée vers le « Très-Haut »). D'autres le lisent à l'aune de la question plus générale de l'assimilation juive (l'homme de la campagne symboliserait le Juif non éduqué arrivant vers la ville avec le désir de s'y assimiler). Enfin, de nombreuses interprétations emploient la grille d'une psychanalyse freudienne (le motif de la porte interdite, possible figuration du sexe féminin et d'un désir voyeur – regarder par le trou de la serrure…).

Au moment où je me retrouve devant cette porte d'un tribunal fermé, je pense à ce texte que je connais presque par cœur, et j'en saisis encore une nouvelle signification – une dimension littérale, concrète, d'une apparente pauvreté totale d'interprétation : cette histoire ne décrirait-elle pas au fond une expérience de vie, celle de vouloir aller quelque part pour voir quelque chose et de trouver porte close ? L'expérience banale – et si enfantine qu'elle me touche – de se *heurter à une limite* ?

Non, aujourd'hui, c'est fermé.

Il faudra revenir. Ou faire autrement.

*
* *

Je quitte le seuil du tribunal en me demandant comment faire autrement : ici, comment me figurer d'une façon vivante, la plus réelle possible, ce que fut cette dernière séquence judiciaire du mois

Huitième jour, Jérusalem

d'août 2016, lorsque fut rendue la décision finale à Eva Hoffe, encore en vie ?

Arrivée à la Bibliothèque, avant de descendre dans la salle de lecture, je m'installe dans un coin du hall et je recherche sur le site de la Cour suprême le verdict du procès, dont j'ai noté le numéro de série. Miraculeusement (le document n'apparaît pas sur la version anglaise, je navigue donc sur le site entièrement en hébreu), je vois apparaître un verdict sur lequel je reconnais la date, quelques noms, dont Hoffe et Kafka. Je copie-colle avidement le document d'une vingtaine de pages dans un logiciel de traduction, et je demande à l'accueil si je peux en faire une impression papier.

*
* *

Prenez le texte d'une décision de justice (un genre en soi singulier). Ajoutez-y deux amis, deux testaments, un exil, la création d'un État qui restera en guerre, l'œuvre d'un écrivain majeur de la littérature juive dégoûté par le sionisme et écrivant en allemand, cinquante ans de procès, une femme seule, perdue, prête à tout pour sauver ce qui reste de sa vie disparue, les Archives nationales d'Allemagne, deux avocats israéliens que tout oppose, un imbroglio juridique, politique et symbolique. Passez l'ensemble de vingt et une pages dans un logiciel de traduction instantanée. Dégustez, si possible sur les lieux du crime (l'endroit où ledit verdict a commandé que le trésor soit rapatrié). Vous aurez alors un aperçu de l'état qui est le mien au moment où je commence à lire ce verdict, quelque part entre le fou rire impossible à entraver, et la stupeur la plus passionnée – quelle histoire, mais mon Dieu quelle histoire.

La traduction complètement grotesque ajoute à l'absurdité générale. J'ai du mal à croire que je ne rêve pas. Les « archives » sont dites « trésors », Eva Hoffe est parfois appelée Eva Hope ou même Eva Espoir. De temps en temps entre deux paragraphes on trouve des mots isolés qui, me dis-je, correspondent peut-être à des nombres en hébreu : et deviennent ici « puissance », « obsolescence » ou « cerveau ».

Certaines phrases aboutissent à de telles contradictions que je me demande si c'est le tribunal qui s'avoue coincé, ou si c'est la traduction qui devient folle. Ainsi, page 11 : « Après examen de la demande, des jugements et des réponses des intimés et de l'audition des parties, nous sommes arrivés à la conclusion générale qu'il y a lieu d'accorder l'autorisation d'appel en l'espèce, mais pas d'accorder l'appel. »

Cependant, loin de n'offrir qu'un humour absurde, ce verdict nous permet d'imaginer la scène, et surtout, le désespoir d'Eva. Elle n'obtient rien, pas un manuscrit, pas un shekel. Rédigé par le juge Eylakim Rubinstein, le jugement commence par retracer les étapes juridiques précédentes et manifeste une attention sincère, droite,

Huitième jour, Jérusalem

honnête, aux enjeux mais aussi au sens du récit. Nous sommes dans le récit du récit : le procès du procès, Kafka puissance 2, nous sommes comme dans la doublure du manteau. « Les racines de l'affaire, commence le juge traduit par le logiciel, remontent à près d'un siècle, et il semble qu'en plus de l'évident, il y ait aussi pas mal de caché. En 1924, Kafka meurt à Prague. Il semble qu'il n'y ait pas besoin d'en dire beaucoup sur la contribution de Kafka à la culture mondiale. »

Un peu plus loin, le juge se met de façon absolument naturelle à citer... le Talmud, comme une béquille sur laquelle s'appuyer, dans cet univers où tout se tord : « Il faut respecter la volonté des défunts (Gittin 14b) ceci est une mitzva, une bonne action. » Or le tribunal affirme que Max Brod aurait manifesté le désir de voir Esther Hoffe choisir un fonds d'archives public pour y déposer ses biens : dans le paragraphe 11 du testament qu'il a rédigé en 1961, il demande que les manuscrits soient « remis en lieu sûr à la bibliothèque de l'Université hébraïque de Jérusalem ou à la bibliothèque municipale de Tel-Aviv ou à un autre dépôt public en Israël ou à l'étranger, si Mme Hoffe au cours de sa vie n'a pas défini un autre arrangement ».

Le tribunal en déduit la volonté du défunt en ces termes : Max Brod souhaitait que les manuscrits soient déposés dans un centre d'archives, et pas conservés à titre privé par Esther Hoffe – quant à décider quel centre d'archives, le juge déclare que la Bibliothèque de Jérusalem, apparaissant en premier dans la liste, devait avoir sa préférence.

Non seulement Esther Hoffe n'a pas respecté la volonté de Max (ni le Talmud), mais elle a outrepassé le délai raisonnable que le droit israélien laisse aux vivants pour s'occuper de l'héritage des morts : « Pendant quarante ans, Hoffe a repoussé la mise en œuvre des instructions de Brod, et il ne fait aucun doute qu'il s'agit là d'un délai déraisonnable. »

Au cours de ces vingt et une pages, bien sûr, des distinctions très pointues sont opérées : ce n'est pas de la littérature, c'est du droit. On différencie les héritages dits « d'héritiers à héritiers » (ici, d'Esther Hoffe à ses deux filles) des héritages « par testament », se demandant dans quelle catégorie placer les manuscrits de Kafka. Au sein de l'ensemble qui désigne « ce qui appartenait à Max Brod », les juges introduisent deux catégories : les manuscrits que Kafka avait offerts à Max, qui lui appartenaient en propre ; et les manuscrits de Kafka qui étaient en sa possession après la mort de Kafka, car ils lui avaient été donnés ou prêtés par d'autres. Le juge conclut que ces derniers ne font pas *stricto sensu* partie de la succession de Brod, mais « pour des raisons pratiques, ils devront eux aussi être transférés à la Bibliothèque nationale en même temps que les autres ». La Bibliothèque aura ensuite toute latitude pour décider de leur sort. Le tribunal ajoute néanmoins une demande expresse à la Bibliothèque :

Huitième jour, Jérusalem

celle de « se comporter loyalement et de répondre aux demandes de documents privés de Hoffe ».

L'issue est sans appel, dans tous les sens du terme. Le jugement confirme une dernière fois la décision précédente : Eva Hoffe doit remettre la totalité de la succession de Max Brod en sa possession, y compris tous les manuscrits de Kafka, à la Bibliothèque nationale d'Israël. Il en est de même pour les documents qu'elle a vendus à Marbach. Aucune compensation financière n'est mentionnée.

Malgré son aridité juridique et son verdict sans concession, ce document éclaire pour moi toute l'histoire d'une autre lumière – j'y trouve un nœud, un centre, un point névralgique, page 15, cette phrase : « nous devons interpréter ».

Nous, tous les protagonistes de cette histoire, nous nous battons avec ce fait brut, difficile, happant et beau – le devoir d'interpréter. Dès 1924, Max interprète le testament de Franz, décide de le comprendre à l'inverse de ce qui y est écrit à la lettre – « détruis tout », il interprète : « sauve tout ». Esther ensuite interprète les désirs de Max – « protège tout », elle interprète : « ne leur laisse rien ». Les juges, eux, interprètent ce qui reste de ce double testament impossible, à l'aune de leur culture (juive) et de l'histoire de leur pays (dont l'existence a permis à Max, et à ces manuscrits, d'être sauvés de l'extermination) – poursuivre le sauvetage de ces documents, cela signifie alors pour eux en transférer la propriété de cette femme à cet État.

Moi qui écris, enfin, si loin, dans ma minuscule et invisible place, je cherche à interpréter à la fois l'absence de Kafka dans cette histoire et sa présence criante, obsédante. Son silence et la résonance interminable de son rire, en écho.

Je crois que ce désir d'interpréter est la raison profonde de mon obstination et de mon plaisir à lire ses textes, depuis si longtemps – sentir cet appel à comprendre et cette impossibilité d'arrêter un sens. Jamais je n'ai pu me dire, le lisant, « ça y est, j'ai compris ». Toujours je sais que je devrai recommencer. Le désir ne s'éteint pas, il s'essouffle par moments, mais il revient. Et ce matin-là, dans le hall de la Bibliothèque, alors que ses textes reposent ici, un étage juste en dessous, je mesure la difficulté qu'ont dû ressentir ces trois juges au moment de poser un point final à un texte intitulé « Verdict ». Je n'aurais pas voulu voir cela. Je préfère l'imaginer.

« Kafka pour moi, dira Eva Hoffe en sortant de la salle, est un désastre ».

*
* *

Dans la nuit du 22 au 23 septembre 1912, Kafka écrit l'une des nouvelles qu'il a voulu sauver de la destruction dans son testament. Elle s'intitule « Le Verdict [3] ». Il l'écrit d'une traite, expérience

Huitième jour, Jérusalem

d'écriture intense et isolée, lui qui lutte tellement pour écrire. Il consigne toutes ses sensations d'écriture dans son Journal, notamment celle-ci : « Ce récit est sorti de moi comme une véritable délivrance couverte de saletés et de mucus et ma main est la seule qui puisse parvenir jusqu'au corps, la seule aussi qui en ait envie[4]. » La nouvelle, dédiée à Mademoiselle Felice B, fut publiée au printemps 1913, du vivant de Kafka, dans la revue *Arkadia*, sur l'initiative de Max.

C'est l'histoire d'un fils, Georg Bendemann, qui décide un beau matin d'écrire une lettre à l'un de ses meilleurs amis, établi à Saint-Pétersbourg, pour le convier à son mariage. Il hésite à écrire car il craint un déséquilibre dans leur amitié. Pour lui, tout va bien : mariage imminent, affaires florissantes ; mais il sait que pour son ami russe, la vie va plutôt mal. Georg confie ce sentiment de culpabilité à son père, qui, au lieu de le rassurer, se met à détruire toutes ses illusions de succès : sa fiancée n'est que peu honorable, il ne réussit en affaires que parce qu'il écrase les autres, il est tellement égoïste qu'il ne souffre même pas de la mort de sa mère. L'agressivité du père grandit en même temps que son corps, ratatiné au début de l'histoire, reprend toute sa puissance. Peu à peu le père écrase le fils, jusqu'à prononcer finalement ce verdict : « je te condamne à mort par noyade ». Georg sort de l'appartement et se laisse tomber d'un pont.

J'irai chercher Kafka

La dernière phrase du texte est un cauchemar de traducteur. Je la cite dans la traduction de Jean-Pierre Lefebvre : « au même instant il y avait sur le pont un trafic proprement interminable ». Dans une note, Jean-Pierre Lefebvre précise que le terme allemand traduit par « trafic » se dit *Verkehr* et désigne aussi un « rapport », qui peut être social ou sexuel. Cette dernière phrase peut signifier à la fois un énorme embouteillage de voitures, et un rapport sexuel qui n'en finit pas.

Dans ses Mémoires, Max Brod raconte que Kafka lui a confié un jour ce à quoi il avait pensé en écrivant cette ultime phrase du récit :

J'ai pensé à une forte éjaculation [5].

Je me rappelle aussi que Franz Kafka adorait nager. Contrairement à ce que l'on peut imaginer, depuis le trauma des cabines de piscine avec son père, il était devenu très doué. Il nageait souvent, loin, et lorsqu'il passait du temps au bord de la mer Baltique avec sa sœur, elle disait que « souvent il partait si loin qu'il devenait un point noir à l'horizon ».

**

Je prends place dans la salle où j'ai désormais mes repères. Les pochettes m'attendent, bien alignées sur le comptoir par la jeune femme archiviste dont la présence me plaît, douce, juste. Dans nos

Huitième jour, Jérusalem

quelques infimes interactions en anglais, je sens sa profondeur, je sens qu'elle me comprend.

Cette fois, je sais ce que je veux voir en premier : le « cahier bleu ». Je le demande et je le sors de sa pochette blanche fermée par une ficelle que je dénoue, une fois de plus, comme si c'était du satin, de la soie, ou même de l'or. En fait il y a deux cahiers bleus, de la même couleur, du même format, mais qui sont arrivés ici en provenance de deux pochettes différentes. Lorsque je tiens le premier entre mes mains, je suis frappée par sa légèreté, il est fin, les pages sont presque transparentes. Sur la couverture une étiquette rouge et blanche, jolie, est prévue pour noter son nom ou l'objet du carnet – elle est vierge. Et pour cause : l'objet est, comme souvent avec Kafka, multiple et presque indiscernable.

Aux premières pages, il y a des débuts de textes ou des fragments (que Max Brod intégrera au Journal). Kafka écrit dans tous les sens de la page, et même du cahier, qu'il prend à la fois à l'endroit et à l'envers. Pattes de mouche partout, ça bourdonne. Je m'arrête sur une page, écrite en allemand, où Franz fait un tableau en deux colonnes, le « pour » et le « contre ». En lisant les mots qu'il liste dans chaque colonne, je comprends qu'il y évalue… le mariage. On voit son obsession de la pureté, dans les mots (« rein », « rein bleiben » « pur », « rester pur ») mais aussi dans la manière qu'il a de faire ces deux colonnes. Nous sommes le

J'irai chercher Kafka

20 août 1916, un an avant la seconde et dernière rupture des fiançailles prévues avec Felice.

Lorsqu'on prend le carnet bleu dans l'autre sens (à l'envers), il devient un cahier d'exercices d'hébreu. Kafka ne s'y trompe pas, qui apprend cet alphabet inversé, où les lignes se tracent de droite à gauche, avec une assiduité et une obstination que je découvre. On trouve successivement : des listes de mots biffés – j'ignore pourquoi –, des mots uniquement en hébreu, des mots dans les deux langues, le vocabulaire qu'il apprend. En bon débutant, il souligne les voyelles (cela sert à en décider la prononciation, car en hébreu il n'y a pas de voyelles, vous ne pouvez donc pas vraiment savoir, à moins d'avoir déjà vu le mot, s'il faut prononcer avec un A, un E, ou un O, seules les consonnes s'écrivent).

Autre étrangeté, Kafka écrit en alphabet « biblique », alors que dans l'hébreu comme « langue vivante », langue parlée aujourd'hui en Israël, il existe un alphabet dit « cursif », plus facile et rapide. Aujourd'hui, on apprend à lire en majuscules de type « biblique », et à écrire directement en cursives. Kafka commence son apprentissage en 1917, l'hébreu est une langue à peine vivante, et très minoritaire – lorsqu'on parle, on parle yiddish, et lorsqu'on lit, c'est en langue biblique pure. L'hébreu comme langue redevenue vivante est contemporain de la création de l'État d'Israël, postérieure donc à la mort de Kafka.

Huitième jour, Jérusalem

1917 est l'année où il rencontre la troupe du comédien Itzhak Löwy et se passionne pour le théâtre yiddish. Il découvre dans la revue yiddish *Selbstwehr* la recension d'un manuel d'hébreu de Moses Rath, et se le procure immédiatement. 1917 est aussi l'année où les médecins diagnostiquent sa tuberculose. Il commence son apprentissage seul, avec son manuel, en autodidacte. Il s'y consacre si ardemment qu'en septembre, cinq mois après l'avoir acquis, Kafka est déjà à la quarante-cinquième leçon. Il poursuit seul, puis auprès de différents professeurs, jusqu'aux tout derniers mois de sa vie, remplissant consciencieusement, de ses pattes de mouches qui vont dans les deux directions vers le centre de la page, ces cahiers bleus.

Sa dernière professeure d'hébreu est une jeune femme nommée Puah Ben-Tovim, venue de « Palestine mandataire », comme on dit à l'époque. Elle est une Juive du « yishouv », comme le précise Kafka, fasciné par cette communauté alors minoritaire de Juifs vivant en « Terre promise ». Arrivée en 1922 à Prague pour prolonger ses études de mathématiques, elle entre rapidement en contact avec les cercles sionistes, et fait la connaissance de Hugo Bergmann, un proche ami de Max et de Franz. Hugo est alors sur le point d'émigrer en Palestine. Il la met en relation avec Franz, qui manifeste le désir de connaître mieux la langue, dans la même perspective. Puah donne des leçons d'hébreu à Kafka, de façon bénévole mais régulière,

J'irai chercher Kafka

durant tout l'hiver 1922-1923 à Prague. Lors des premières rencontres, la jeune femme est surprise de découvrir que Kafka a commencé à apprendre tout seul, et qu'il se débrouille bien.

Nous savons peu de chose de cette femme, mais il existe un témoignage, publié en français dans *Libération* en 1983, intitulé « J'étais le professeur d'hébreu de Kafka ». On y découvre un lien fort, et peut-être même amoureux, entre Kafka et elle :

> Il était d'une grande discrétion, d'une grande politesse, et n'hésitait pas à me faire un compliment pour une nouvelle robe ou ma bonne mine. [...] Je n'ai jamais rien ressenti d'érotique entre nous. Il était attiré, incontestablement, mais plus par une image que par la jeune fille que j'étais réellement : l'image de cette Jérusalem lointaine, sur laquelle il m'interrogeait sans relâche, et où il voulait m'accompagner lorsque j'y retournerai. Il tenait à moi parce que j'étais le premier oiseau venu de Palestine [6].

Puah, premier oiseau presque exotique, est présente dans le carnet bleu : Kafka s'adresse à elle dans des pages qui ressemblent à des brouillons de lettres, fascinantes lorsqu'on les fait traduire. Dans un hébreu souvent raturé mais doué d'un impressionnant vocabulaire, Kafka évoque une grève des professeurs juifs exerçant leur métier en Palestine, demandant à Puah de plus amples informations, manifestant une grande solidarité de principe à

Huitième jour, Jérusalem

leur égard. Cette grève permet de dater précisément ce cahier d'hébreu de l'année 1922, où eut lieu une grande contestation de professeurs dans la communauté juive vivant à Jérusalem. Les revendications portaient sur les salaires et dura plusieurs mois.

On lit dans ces pages l'intérêt de Kafka pour les questions sociales – son socialisme, ou son sionisme révolutionnaire. Il est important, pour se représenter la façon dont Kafka fantasmait (ou désirait réellement) cette émigration, de situer et d'imaginer de quel type de « sionisme » nous parlons, lorsque nous évoquons ces réunions et ces cercles des années 1920 à Prague, auxquels il prenait part. Ce sont des mouvements politiques. Leur projet sioniste, leur désir de faire renaître une forme de judaïsme après l'assimilation opérée par la génération de leurs pères, sont indissociables d'une vision politique socialiste, c'est-à-dire révolutionnaire, inspirée d'idées libertaires, voire anarchistes [7].

Kafka s'intéressa à la Révolution russe et au bolchevisme. Kafka n'est pas seulement un homme de fantasme, il avait aussi un goût pour le réel, et nombre d'études à la fois biographiques, historiques et littéraires tendent à montrer qu'au cœur de son monde, de sa vision, il y a le désir de critiquer l'autorité sous toutes ses formes, de renverser la table, de décrire la façon implacable dont le pouvoir, la Loi, nous opprime, oppresse, écrabouille.

J'irai chercher Kafka

Ce sionisme d'inspiration socialiste était vécu en groupe, et intimement lié au cercle d'amis de Kafka. C'est aux côtés de deux de ses proches amis qu'il en découvrit les grandes idées : Max, lui, était alors un militant sioniste, et Hugo Bergmann était si convaincu qu'il décida en 1920 de « sauter le pas », et de s'installer avec sa femme en Palestine. Bergmann témoigna du désir profond de Kafka cette année-là, de les suivre, et l'on sait même grâce à lui qu'entre 1920 et 1924, lors de ces années d'apprentissage de l'hébreu, Kafka fit plus qu'évoquer sa possible émigration.

Il fomenta un plan avec Hugo et Elsa Bergmann : Elsa devait revenir de Tel-Aviv à Prague récupérer quelques affaires, et Franz devait partir avec elle, l'accompagnant dans son voyage de retour en Palestine. Bergmann reconnut après coup que c'est lui qui fit au dernier moment un pas en arrière : il dit à sa femme qu'il préférait que Kafka attende encore un peu en Europe, que la maison était trop petite pour l'y accueillir comme promis, qu'il devrait dormir dans la chambre des enfants, et surtout, que Kafka était trop malade pour le voyage ardu et les conditions difficiles qu'il rencontrerait à son arrivée. En fin de compte, l'état de santé de Franz, de plus en plus fragile, a mis fin à toute possibilité de voyage (la tuberculose ne cessait de progresser et son état se dégrada largement dès 1920). Lorsqu'il s'est avéré qu'aucun billet pour le bateau qu'il avait prévu d'emprunter avec

Huitième jour, Jérusalem

Elsa n'était disponible, Franz aurait dit à Elsa Bergmann de ne pas prêter trop attention à son projet de l'accompagner : « ce n'était rien d'autre que le fantasme d'un homme malade. Mais dès que j'irai mieux, je viendrai vous rendre visite ».

Je me souviens aussi qu'il évoque la Palestine comme un « fantasme » (c'est son mot) dans l'une des dernières lettres à Milena, en cette même année 1923. La Palestine est un oiseau – il la désire réellement, mais de loin. A-t-il vraiment envisagé ce voyage, à quel point s'en est-il senti empêché ? Cette question apparemment infime – entre le fantasme et la réalisation d'un désir, n'existe-t-il pas un panel infini de sensations ? – devient pour moi capitale, alors que je tourne les pages du carnet bleu. Je note même, dans mon carnet à moi : « Impression que c'est la clé de cette histoire, ou l'une des clés. »

Si Kafka a profondément voulu vivre ici, et que l'on considère que c'est sa maladie, son état général, qui l'en ont empêché, ne peut-on pas interpréter ce cahier bleu comme la preuve qu'il approuverait l'issue des procès, qu'il serait heureux que son œuvre repose à Jérusalem ?

Si au contraire Kafka n'a pensé à Jérusalem que comme un fantasme, dont il savait qu'il ne pourrait jamais se réaliser car au fond, il ne le voulait pas tout à fait, gêné par certains aspects du sionisme et du judaïsme avec lesquels il ne se sentait rien en commun, ou si peu, ne peut-on pas penser que

J'irai chercher Kafka

l'issue des procès est une forme de contresens, une mauvaise compréhension de son œuvre et de la complexité de sa propre pensée, absolument contraire à toute forme de communauté, d'appartenance ?

Plus les pages se tournent, plus l'indécidable qui loge au cœur des ratures et des pattes de mouches grossit sous mes yeux, ça fait comme une tache d'encre qui s'étend.

Je sais combien il est difficile d'apprendre l'hébreu, je l'ai fait en bégayant pendant deux ans, et je suis à peine capable de lire trois mots, encore moins de les écrire. Alors voir la façon si consciencieuse dont Kafka se consacra réellement à cet apprentissage apporte deux éléments nouveaux à mon enquête. D'une part, l'idée de vivre un jour ici, ou en tout cas de s'y rendre, n'était pas pour lui qu'un fantasme, au sens d'une parole en l'air. Ou alors je ne connais personne qui donne autant de soi, autant de temps et de place à ses fantasmes. Il a dû y passer un temps considérable – sept ans durant, ce qui n'est pas rien.

Peut-être faut-il cesser de considérer que Kafka était un homme de rêves, de fictions, de pure imagination. Peut-être faut-il aussi regarder autrement son rapport au judaïsme, et au sionisme : son ambivalence était réelle, mais nous interdit-elle pour autant de penser qu'il aurait aimé, voulu, souhaité essayer de vivre ici ? De voir ce que ça faisait ? Qui n'a pas un jour fait quelque chose en n'étant pas certain de le vouloir totalement ? Qui

Huitième jour, Jérusalem

n'a pas voulu et rejeté à la fois un rêve, qu'on a pourtant fini par réaliser ? Je crois ce matin que Kafka n'a simplement pas *pu* venir, pas pu arriver jusqu'ici – la porte est restée fermée.

Si je n'avais pas tenu ce cahier entre mes mains, dans son insoutenable légèreté, je n'aurais pas perçu ce petit biais. Si je ne l'avais pas tenu entre mes mains *ici*, dans ce lieu, dans cette ville, dans cette queue de comète de l'histoire. En voyant ces pages remplies de lettres hébraïques, je change une nouvelle fois d'avis sur l'issue des procès. Je me dis que ce carnet ne peut reposer qu'ici, justement, dans ce lieu. J'ai le sentiment que son récent transfert depuis les coffres-forts suisses vers la colline de Jérusalem rend justice au désir de Franz, rouvre un peu la porte que la réalité, les poumons, l'ambivalence, avaient fermée sous son nez. Je trouve cette réparation évidente, et belle. Il n'a pas pu arriver jusqu'ici, mais le carnet, oui, et il ne bougera plus.

En le remettant dans sa pochette à ficelle, je note que sur la couverture avant du carnet bleu, il y a un trou. Un petit trou rond. Je me demande si c'est une cigarette qui a fait cela, si Kafka fumait (ce qui m'étonnerait) ou si Esther Hoffe y laissa tomber une cendre, rue Spinoza. Je repense à Michal Govrin qui disait « aller chercher des allumettes », et à Jane Birkin qui chantait « il est parti chercher des cigarettes ». Dans le papier il y a un trou. Et dans l'histoire aussi.

Dernier jour, Jérusalem

Une chaîne humaine

C'est toujours le dernier jour, quand vous étreint l'idée de quitter un lieu et de peut-être n'y jamais revenir, que vous voyez sa beauté. La perception anticipe dans le présent le souvenir que vous allez fabriquer, les images s'embellissent et se filtrent, vous êtes déjà nostalgique, votre conscience est un peu tiraillée entre le présent qui est encore présent, presque passé, et celui qui est déjà imprimé dans l'avenir du retour. Jérusalem me plaît de plus en plus, c'est la douceur qui me frappe, en ce dernier matin. Il fait presque trente degrés et pour la première fois, café arrêt de bus ordinateur dans le sac à dos, tout me semble familier, routinier même. Je sais néanmoins, et je ne cesse d'y penser, que c'est la dernière fois, le dernier trajet dans ce bus, la dernière rencontre avec les manuscrits, un au revoir qui me fait redouter d'avoir oublié de regarder quelque chose, de

J'irai chercher Kafka

n'avoir pas assez profité, d'avoir manqué un élément essentiel, bref, un adieu.

Cette sensibilité nouvelle, celle du dernier matin, porte mon attention sur l'un des arrêts de bus qui se trouve sur ma ligne, après la Cour suprême et la Knesset, juste avant d'arriver au campus de l'université puis, à l'arrêt suivant, à la Bibliothèque. La voix automatisée annonce dans les trois langues « Musée d'Israël », je jette un œil sur le bâtiment, décomposé en deux ensembles de chaque côté de la route.

Face à moi, le monument étrange et imposant qui abrite… les manuscrits de la mer Morte. On désigne ainsi un ensemble de neuf cents manuscrits, parchemins et papyrus, retrouvés entre 1947 et 1956 dans des grottes à Qumrân, au-dessus de la mer Morte. Les versions diffèrent, mais selon les enquêtes de John C. Trever, il s'agirait à l'origine d'une découverte fortuite, par un berger bédouin de quinze ans du nom de Muhammed edh-Dhib Hassan. Parti à la recherche de l'une de ses chèvres, il trouva dans une grotte de grandes jarres qui, pour la plupart, contenaient des rouleaux de cuir étonnamment bien conservés, enveloppés dans de la toile de lin. Après d'innombrables authentifications archéologiques et l'excavation de dix autres grottes, les manuscrits sont baptisés « manuscrits de la mer Morte », et présentés au monde comme la plus grande découverte archéologique de tous les temps.

Dernier jour, Jérusalem

En araméen, grec et majoritairement hébreu, ils dévoilent pour la première fois de nombreux fragments originaux de l'Ancien Testament, notamment le rouleau complet d'Isaïe. Appelé rouleau d'Isaïe A, c'est le plus ancien manuscrit hébreu complet connu à ce jour d'un livre biblique : sa confection a été datée du IIe siècle avant Jésus-Christ. Israël abrite ces rouleaux en son musée, dans cet édifice qui fut construit pour eux, reproduisant le taux d'humidité et la température des grottes où ils ont été retrouvés.

À travers la vitre de l'autobus, je ne vois que l'ombre de ce bâtiment des années 1970, mais je ressens le vertige que cela implique – les grottes, le jeune bédouin de quinze ans, les rouleaux du IIe siècle, le cœur du texte, le cœur de ce pays peut-être, le cœur battant. Quelque part entre l'archéologie et le sacré, ces rouleaux de temps sont là. Que je le veuille ou non, ils font sans doute partie de mon histoire, mon histoire de manuscrits, de terriers, d'excavation et de vérification, mon histoire en rouleaux. Ils sont sur ma ligne de bus, littéralement sur mon chemin, ce matin je l'entends, mais je sais que je n'irai pas les voir. Je repars ce soir. J'ai rendez-vous avec K. Et je dois lui dire au revoir.

* * *

À la Bibliothèque, maintenant, je me sens comme chez moi : la dame de l'accueil, toujours

J'irai chercher Kafka

en train de manger quelque chose dans un Tupperware, me tend mon sac numéro 66 avec un grand sourire, le gardien de la sécurité me demande comment je vais ce matin, je suis fière de m'être fondue dans ce paysage qui m'est pourtant si étranger. Je descends les petites marches, traverse la cafétéria où, là aussi, le monsieur me sert mon café sans plus me demander ce que je veux. Une habituée ! Avant de déserter ce lieu et de refermer la partie du récit dont il fut le cadre, j'ai envie de donner un aperçu de son étrangeté. Je m'y sens à la fois abritée, à l'aise, et totalement intruse. Cette cafétéria en sous-sol est dotée d'un faux plafond avec des néons qui créent une lumière horrible, d'hôpital. Dans la vitrine, la réfrigération fait un boucan qu'on entend depuis l'escalier, pourtant il n'y a là à conserver au frais que deux ou trois sandwichs à la brioche, avec des bouts d'œufs durs qui dépassent, et dont la vision même me rendrait malade. La carte, affichée derrière le comptoir, promet monts et merveilles, cappuccinos et bretzels qui semblent d'un autre monde. Les chaises sont en plastique rouge, on dirait qu'ils les ont piquées à une buvette de plage, il y a des parasols avec écrit Coca-Cola et Fanta. Mais le serveur connaît tout le monde, il a une voix magnifique, il fait très bien les cafés-crème et ça l'amuse de m'entendre le dire en hébreu. Il me manquera.

La cafétéria donne sur une cour carrée, elle aussi en sous-sol, en tout cas au-dessous du rez-de-chaussée, avec des fauteuils de jardin défoncés et

Dernier jour, Jérusalem

les mêmes parasols publicitaires. Mais la lumière, filtrée par le béton, est douce, permet de s'y asseoir même au soleil. Il y a des arbres sublimes et des plantes partout. Des couleurs. Des étudiantes et des étudiants qui discutent, et comme je ne comprends rien à ce qu'ils se racontent, je m'imagine qu'ils débattent de la Kabbale ou de la théorie de la relativité. Dans cette cour passent souvent deux ou trois chats, que je reconnais jour après jour. Ce sont des chats errants qui se débrouillent bien car ils ne sont ni maigres, ni farouches. Ce matin l'un d'eux, blanc et gris, s'approche tout près de moi et me fixe en fermant un peu les yeux, comme font les chats lorsqu'ils sourient. Je lui dis que je pars tout à l'heure mais que peut-être je reviendrai un jour.

À l'ombre, j'attends Stefan Litt avec qui j'ai mon dernier rendez-vous. Dernier rendez-vous, Stefan fut pourtant le premier contact (le premier mail qui m'annonçait, juste avant mon départ, que les manuscrits m'attendaient et qu'il valait mieux prévoir un petit pull-over). Directeur des archives de langue allemande, Stefan est lui-même allemand, arrivé à Jérusalem à ce poste prestigieux en 2011. Souriant, accueillant, parlant même quelques mots de français qui me reposent un peu, Stefan commence par m'expliquer que le fonds de langue allemande abrité ici est vaste et magnifique – c'était le cas même avant Kafka ! Zweig, Scholem, Einstein, ou Buber, grand philosophe et penseur du judaïsme.

— Savez-vous ce que disait Martin Buber au sujet de notre Bibliothèque ? me demande Stefan. « After you have visited the library ten times to look at books, go once to look at the readers » — « une fois que vous avez visité la bibliothèque dix fois pour y regarder les livres, revenez une dernière fois pour regarder les lecteurs ».

Je ris aux éclats, en regardant autour de nous, ce décor si singulier, ces visages.

Comme aux autres, je demande pour commencer à Stefan s'il se souvient de la toute première fois où il a entendu parler de cette affaire Kafka. C'était en 2009, alors qu'il vivait encore en Allemagne, en lisant un article dans le journal *Die Zeit* qui mentionnait la vente par Esther Hoffe de manuscrits à l'Allemagne, vente que la Bibliothèque nationale d'Israël avait décidé de bloquer.

— Mon arrivée, poursuit Stefan, n'a pas rien à voir avec ce *Kafka case*. Elle y est même intimement liée. Cette bibliothèque avait toujours été pétrie de culture germanique, comptant beaucoup de lecteurs d'origine allemande ou au moins lisant l'allemand. On venait pour Zweig, Scholem, Buber qui ont tous écrit en allemand. Au début des années 2000, ils ont souhaité renouer avec cette dimension germanique de l'institution, qui s'était un peu perdue depuis quelques années. C'est pourquoi le legs de Max Brod est devenu un enjeu.

Dernier jour, Jérusalem

Redevenir germanophone, c'était aussi pour eux un argument juridique : s'ils se présentaient comme le premier fonds de littérature juive de langue allemande, la nécessité de récupérer ce fonds Brod-Kafka prenait tout son sens. Me recruter leur donnait l'espoir d'un dialogue plus serein avec l'Allemagne, et leur donnait surtout, je crois, une caution allemande !

Lorsqu'il arrive à Jérusalem, c'est le tourbillon, la saga judiciaire, les procès et les appels. Depuis la Bibliothèque, Stefan se souvient qu'il passe les premières années à se documenter, à essayer de tout comprendre. On parle beaucoup de Kafka, mais il s'aperçoit assez rapidement que l'un des enjeux c'est aussi le fonds de Max Brod lui-même : ses lettres, ses journaux, ses textes. Il fut un acteur majeur de la vie littéraire et culturelle juive, que ce soit à Prague avant la guerre, ou ici en Israël, entre son exil et sa mort. La valeur littéraire de l'œuvre n'est pas comparable à celle de Kafka, mais l'aspect documentaire, de témoignage, est capital. Il commence donc à réfléchir à la mise en valeur de ce fonds Brod. Observant de loin, il me confie qu'il est frappé de voir passer les sommes d'argent considérables que la Bibliothèque dépense alors dans cette affaire :

— Vous imaginez les frais de dossier, d'avocats... Les voyages en Suisse pour inventorier les coffres-forts, les assurances ! Ils voulaient gagner ce procès, assure-t-il.

J'irai chercher Kafka

Même si je mesure à quel point cette question est difficile, *a fortiori* pour Stefan qui représente la Bibliothèque, je lui demande assez frontalement si lui, personnellement, juge que ce verdict est juste. Pense-t-il que c'est ici que devaient arriver ces manuscrits ? Il développe alors une réponse aussi construite qu'argumentée, aussi subtile que sincère, avec une transparence dans le regard.

– Je ne peux pas ignorer la dimension politique, et il est évident qu'elle me met mal à l'aise, si on l'interprète comme une volonté d'appropriation du patrimoine de la diaspora, comme une façon de faire entrer Kafka dans l'héritage sioniste... Mais deux choses me semblent fondamentales à dire, pour défendre ce verdict. La première (je parle en mon nom !), c'est qu'en Israël, le système légal n'est pas le système politique. Le droit ici est issu d'un régime démocratique, il est bien pensé. Il ne m'a jamais déçu. Et puis les jugements rendus en Israël ont été confirmés ensuite par d'autres systèmes judiciaires d'autres pays : la Suisse et l'Allemagne, qui les ont jugés justes. N'est-ce pas un indice de confiance ? Et la deuxième, cette fois je parle en mon nom de chercheur, est que cette issue est entièrement tournée vers une ouverture du fonds aux chercheurs, et à tous ceux qui le demandent. La philosophie de ce verdict, et celle qui est la nôtre ici à la Bibliothèque, c'est de rendre ces documents accessibles, pas de se les approprier pour dire « c'est à nous ! » « on les a ! ». C'est le

Dernier jour, Jérusalem

sens de mon travail, et je m'y astreins ici chaque jour, du mieux que je peux.

— Oui, et je suis bien placée pour témoigner du fait que vous respectez tout à fait votre parole et les demandes du tribunal ! Dès que je vous ai écrit, vous avez tout fait pour m'aider à préparer ma venue. D'ailleurs je me demandais : depuis que tous les documents sont ici, avez-vous beaucoup de demandes de la part des chercheur.e.s ?

— Quelques-unes oui, et elles sont assez nombreuses concernant les dessins de Kafka, qui font aussi partie du fonds. Mais la chronologie de l'histoire fait que les tout derniers documents du fonds Brod sont arrivés ici très récemment, les derniers en 2019 ! Le temps que nous travaillions au tri et à la numérisation, ils ne sont vraiment accessibles que depuis début 2020. Et avec le Covid et les confinements… En fait, me dit-il avec un regard cérémonieux, vous êtes parmi les premiers chercheurs au monde à pouvoir tous les voir ici.

Cette idée d'être parmi les premiers me donne une espèce de vertige.

— En tout cas, reprend-il, je peux vous assurer que si ces documents étaient restés plus longtemps dans l'appartement de la rue Spinoza, vous n'auriez jamais pu les prendre dans vos mains sans gants et sans prévoir non pas un pull-over, mais un pince-nez !

Je me souviens alors que Stefan a fait partie de la délégation qui est entrée dans le fameux appartement des chats, après le verdict. Il me raconte alors cette journée de 2018. Nous sommes deux ans après le rendu du verdict, toutes les validations juridiques sont entérinées, maintenant il faut commencer à organiser le transfert des documents vers le sous-sol de la Bibliothèque, où Stefan doit les accueillir avec son équipe. Eva Hoffe est morte au mois d'août, trois semaines avant ce jour de « l'opération commando », comme l'appelle Stefan dans un sourire. Au moins n'assistera-t-elle pas à ce qu'elle disait refuser de son vivant. *Over my dead body*, avait-elle dit à la barre. Nous y sommes.

Dans cette délégation sont autorisés à entrer : Stefan, qui représente la Bibliothèque, Meir Heller, leur avocat, et leurs assistants.

– Quand le policier a défoncé la porte, me dit Stefan, une odeur inqualifiable nous est arrivée immédiatement. On a vu des dizaines de chats se cacher ou partir. Et, sans vous mentir, je pense qu'il y avait autant de cafards que de chats. (Je me souviens que Meir Heller, l'avocat, m'avait aussi parlé d'un air irrespirable et nauséabond.) Avant même de penser à Kafka, je me demandais si je ne devais pas appeler la SPA ! Une fois entrés dans l'appartement, nous sommes tombés sur un premier salon, ouvert à tous les chats, avec une bibliothèque vitrée dont la vitre était cassée. Nous avons dû y passer cinq heures, juste à ramasser les éclats de verre, atteindre les étagères et en retirer les livres. Dans une deuxième pièce, derrière, en enfilade, il y avait une malle avec des documents dans des

Dernier jour, Jérusalem

pochettes et… beaucoup de litière pour chats. La chaleur et l'humidité étaient telles que nous étions tous au bord du malaise. On sortait chacun notre tour prendre l'air, mais revenir ensuite était presque pire ! Dans la troisième pièce, au fond de l'appartement, il faut imaginer (je n'exagère en rien, me précise-t-il, ce que je crois volontiers car il ne me semble pas du genre à exagérer quoi que ce soit) environ cinquante centimètres de déchets qui jonchaient le sol, étalés par terre. Cela formait comme un tapis de détritus. C'était une vision irréelle, une image incompréhensible.

Stefan prend mon cahier et me dessine un plan de la pièce.

— Sur votre gauche, vous aviez un meuble avec des livres appartenant à Max Brod, sur votre droite, au mur, un meuble fermé avec d'autres livres de Max Brod à l'intérieur puis, vers le fond, des étagères ouvertes avec encore d'autres livres. Sur le mur de gauche, au fond, un meuble avec des pochettes contenant de nombreux manuscrits. Nous avons organisé une chaîne humaine pour sortir ces manuscrits, puis les livres, vers l'extérieur, sans qu'ils touchent les déchets amoncelés partout autour. Nous les avons vraiment *évacués*, me dit-il.

Je pense à la chambre de Gregor Samsa dans *La Métamorphose* : depuis qu'il est devenu cet horrible cancrelat, personne n'ose plus y entrer, et petit à petit elle devient un dépotoir où chaque membre de la famille vient déposer ce qu'il ne sait pas où mettre ailleurs, puis une décharge (la bonne vient y mettre les détritus).

> Il n'aurait jamais eu plus de raisons de se cacher, car, à cause de la saleté qui recouvrait toute sa chambre et qui s'envolait à la moindre occasion, il était lui-même couvert de poussière ; des fils, des cheveux, des restes de nourriture traînaient sur son dos et sur ses flancs ; son indifférence envers tout était bien trop grande pour qu'il songeât encore à se coucher sur le dos pour se brosser sur le tapis [1].

En écoutant Stefan, en regardant le dessin qu'il trace dans mon carnet (la partie centrale de la pièce, délimitée par des traits parallèles, est légendée « covered with garbage »), je tente de me figurer cette saleté, cette puanteur de cafards et de chats, j'imagine l'humidité et l'odeur. Je me représente une scène de crime sur laquelle des détectives arriveraient juste après les faits. Ces scènes de films policiers où tout est encore vivant mais où les corps sont déjà morts.

Cette image est comme la scène primitive de l'histoire, son origine et sa fin. Je la visualise dans le moindre détail et je me dis que Kafka avait tout prévu. Tout, sauf les chats.

— Nous sommes revenus le lendemain, poursuit Stefan, tellement c'était long et tellement les documents étaient nombreux. Cette fois nous avions des masques et des gants, presque des combinaisons ! Nous avons même trouvé des documents

Dernier jour, Jérusalem

dans le frigidaire de la cuisine, l'une des pièces les plus sales.

En tout, l'équipe présente rue Spinoza a constitué plus de soixante cartons de pochettes et de livres, qui appartenaient tous à Max Brod. Ils furent rapportés à la Bibliothèque, triés, et traités à l'insecticide, avant d'être placés dans des pochettes anti-acide.

– En termes de conservation d'archives, je n'avais jamais eu affaire à ce genre de produits ! rit Stefan. Je me souviens du jour où tous les documents sont arrivés près de mon bureau, sur des chariots. Le travail de tri et de numérisation commençait pour nous. Mais l'histoire se terminait. Quelques jours plus tard, le contenu des coffres-forts (de la banque de Tel-Aviv) arrivait sur les mêmes chariots, positionnés dans ce couloir que vous voyez. Enfin, six mois plus tard, la justice suisse entérinait la demande de la Cour suprême : le contenu des coffres-forts de la banque UBS arrivait ici, dans mon bureau. »

Ils venaient de faire le voyage pour la dernière fois, pointillés sur la carte.

* * *

Il me reste deux heures ici avant de repasser dans mon studio, où ma valise m'attend dans sa consigne, le petit local à poubelles. Je reçois un mail de la compagnie aérienne me prévenant que mon vol risque d'être retardé pour cause de tempête de neige à Paris. Ici, à bientôt midi, à l'ombre des magnolias de la cour carrée où je salue une dernière fois Stefan, il fait plus de trente degrés. Deux réalités se découpent dans mes sensations, un choc thermique s'annonce, il va falloir rentrer.

Pour cette dernière consultation, je me suis gardé la pochette avec les « testaments ». Elle fait partie des documents les plus précieux, que Max avait fait transférer dans les coffres en Suisse pour les mettre à l'abri de la guerre qu'il sentait menacer Israël en 1956.

Il a écrit dessus « Nachlass Verfüngungen », ce qui signifie littéralement « dispositions de succession ». *Nach* veut dire après, *lass* vient du verbe *lassen*, laisser. Ici repose ce que Kafka a laissé pour l'après. C'est Kafka pour après.

En découvrant la petite enveloppe couleur bleu ciel, format carré, sur laquelle Kafka a écrit en gros « Max », d'une très belle calligraphie presque enfantine (avec le M majuscule dessiné en jolies boucles), une nouvelle fois, une dernière fois, je sens les larmes monter. Je crois que ce qui me touche, c'est de tenir entre mes mains le tout début de l'histoire que je m'apprête alors à clore : cette volonté de destruction qui a résisté à tous ces rebondissements, à tous ces allers-retours.

Il est bouleversant aussi de voir la façon appliquée dont Franz écrit ce prénom, Max, comme une supplique ; et la façon si consciencieuse que

Dernier jour, Jérusalem

Max a eue de ne pas détruire cette supplique, mais de la sauver envers et contre tout. En dernière instance, si cette histoire est une histoire d'interprétation, elle est et demeure une histoire d'amitié. Elle me raconte et me rappelle combien ce lien est fort, moteur. C'est dans l'amitié que l'on écrit, par l'amitié que l'on résiste. Max a résisté à Franz et Franz a parié que Max poursuivrait son geste, écrire même quand on veut détruire. Il ne s'est pas trompé, j'en ai la preuve sous mes yeux embués.

Sur le premier testament (puisqu'il en existe deux versions, rassemblées par Max dans cette unique pochette) je note un détail qui n'apparaît pas dans les reproductions que je connaissais jusqu'ici : en haut de la page, Kafka écrit son nom et son prénom en très gros. Pourtant, me dis-je, Max savait bien comment il s'appelait ! Cela donne au document une dimension officielle. Vraiment comme dans un acte notarial, Franz se projette dans l'après de sa mort et donne à cette dernière volonté un caractère officiel, indéniable, objectif. Autrement dit, il contresigne. En voyant cela, on ne peut pas douter de la force de son acte, ni de sa volonté. Je perçois sans l'ombre d'un doute la radicalité de son désir. C'est un désir net et sans appel, celui de disparaître.

Mais en ouvrant la seconde enveloppe, seconde variation sur ce testament, où Franz réitère sa demande de tout brûler en y ajoutant quelques précisions supplémentaires, je comprends dans le même mouvement une autre radicalité – celle de l'interprétation de Max, qui elle aussi est nette et sans appel.

J'imagine entre les deux hommes un dernier dialogue, comme dans une parabole. Avec ce second testament écrit à la main et à l'encre noire se trouvent en effet, à l'intérieur de la pochette, trois tapuscrits du même texte. Selon toutes probabilités, c'est Max qui les a tapés. Alors même qu'il en trahit entièrement et absolument le contenu, Max tient à conserver ce testament, à le démultiplier pour que jamais il ne se perde. Il le recopie, le reproduit, comme pour répéter la volonté qu'il est pourtant en train de tromper. Je comprends alors que Max est fier de son geste. Il est fier, je crois, d'être le seul à avoir si bien compris Kafka, qu'il fait de ce testament une pièce maîtresse de l'œuvre elle-même.

Cette demande de destruction n'est rien d'autre qu'un texte de Kafka, comme *Le Procès*, *Le Château* ou *La Métamorphose*, comme une page du Journal ou une lettre d'amour – une pièce centrale du puzzle. Franz avait conscience de construire son œuvre à partir de tous ces fragments épars. Dans le secret de leur amitié, Franz faisait un clin d'œil à Max : lorsque tu publieras mon œuvre, surtout, n'oublie pas cette page où je demande sa destruction. Ils chercheront à interpréter, à comprendre cette ultime contradiction. Mais ils n'y parviendront pas.

Dernier jour, Jérusalem

Alors que je rends mes pochettes, range mes affaires et récupère mon passeport, je quitte la pièce des manuscrits précieux avec le sentiment d'avoir ainsi fait une petite découverte. J'ouvre la porte vitrée et j'entends la jeune femme du bureau m'interpeller :
– Léa, Léa, attendez ! Vous avez oublié une pochette !
Debout, appuyée contre le comptoir, dans la précipitation de voir l'heure tourner, je regarde d'un coup d'œil de quel document il s'agit. Il est écrit au crayon de papier sur la pochette :
LETTRE AU PÈRE.

Après

Quand je suis arrivée à Paris, il neigeait effectivement. Nous étions au début du mois d'avril alors cela nourrissait bien des conversations. Je n'avais pas envie d'en parler, je n'avais pas envie qu'il neige, je n'avais pas envie d'avoir froid, je ne voulais pas que dure l'hiver.

Quand je suis rentrée à la maison, j'ai raconté un peu à mon fils l'histoire qui m'avait occupée làbas. Du haut de ses sept ans, il voulait savoir pourquoi j'étais partie dans un pays où ses petits copains d'école lui avaient dit « mais il y a la guerre ».

Non, je n'étais pas reporter de guerre – j'avais senti une pointe de déception face à ce constat néanmoins rassurant.

Il a aimé l'histoire des papiers dans le pipi de chat. Ça l'a fait rire. Puis il m'a demandé, très sûr de lui : « Mais pourquoi tu dis : Kafka *il* a fait ci et ça, il faut dire *elle* ; Kafka, c'est une femme enfin ! »

J'irai chercher Kafka

J'ai été soufflée par la profondeur de cette affirmation – par où les enfants attrapent-ils ces choses-là ? Ça m'a réconciliée avec la neige, l'hiver, l'idée que le voyage était terminé.

Je suis montée et j'ai défait ma valise, rangeant une à une mes petites reliques. J'ai ouvert mon portefeuille pour en vider les derniers shekels, et je suis tombée sur le fameux billet vert de Monopoly, donné par le chauffeur malhonnête et sympathique dans la nuit de Tel-Aviv. Je l'ai gardé un moment entre les mains et je me suis vraiment demandé quoi en faire. Je n'étais pas très sûre que cela amuserait mon fils, à qui il aurait alors fallu expliquer que l'argent pouvait faire l'objet de contrefaçon.

J'ai ouvert la jolie boîte contenant le jeu de cartes « Kafka », trouvé au musée d'Art moderne. Elle contenait deux fois cinquante-six cartes, chaque jeu étant rangé d'un côté et de l'autre de la boîte, séparée en deux par une ligne de carton. J'ai déplié le billet vert et je l'ai disposé en longueur, à cheval sur les deux parties de la boîte. Il devenait comme un trait d'union entre la zone d'écriture et la zone d'expédition.

Il était faux, il était une tromperie, et pourtant il contenait la plus pure vérité apprise au cours de cette recherche : le papier n'a de valeur que celle des larmes qui ont coulé dessus.

*
* *

Après

Dans les trois ou quatre nuits qui ont suivi, mon sommeil était particulièrement doux et léger. J'étais encore là-bas. Dans la journée, je n'arrivais pas vraiment à atterrir dans ma vie, qu'il fallait reprendre. Mais le soir, j'allais me coucher dans la joie des rêves que j'allais faire. Un matin, l'homme à côté de qui j'ai la chance de dormir la nuit me dit, amusé : « Depuis que tu es rentrée tu as à nouveau des petites pointes de somnambulisme [pourtant, ces traces de mes nuits d'enfant avaient disparu depuis longtemps]. À deux reprises cette nuit, tu t'es assise d'un coup sur le lit et tu as explosé d'un immense éclat de rire. »

J'ai tout essayé pour me souvenir de ce qui, dans un rêve, aurait pu être si drôle – sans succès. Avec ta drôle de bouche et ton chapeau noir, sans doute ne m'effraies-tu plus. Je sais que c'était toi.

Notes

1. *Journal*, 25 février 1918, trad. M. Robert, Pléiade tome III (édition de 1984), p. 492.

Prologue

1. *Journaux*, 6 et 20 décembre 1921, trad. R. Kahn, NOUS, p. 762-763.
2. « Les deux testaments », non datés, trad. C. David, Pléiade tome IV (édition de 1989), p. 1195.

Les feuilles volantes

1. Tous les extraits des « feuillets de conversation » que je cite figurent à la fin du tome III de la Pléiade (édition de 1984), traduits par M. Robert, p. 1303-1311.
2. Lettre à Julie et Hermann Kafka, 26 mai 1924, trad. M. Robert, Pléiade tome III (édition de 1984), p. 1301.
3. *J'ai connu Kafka*, Actes Sud Solin, 1998, p. 225 *sq*.
4. Lettre à Max Brod, le 3 avril 1913, trad. M. Robert, Pléiade tome III, p. 709.
5. *J'ai connu Kafka, op. cit.*
6. « Josefine la chanteuse ou le peuple des souris », trad. J.-P. Lefebvre, Pléiade tome I (édition de 2018), p. 236-255.

J'irai chercher Kafka

Testaments trahis

1. Cité dans Reiner Stach, *Kafka. Le temps de la connaissance*, trad. R. Quatresous, Le Cherche Midi, 2023, p. 77.
2. *Journal*, 19 octobre 1921, trad. M. Robert, Pléiade tome III (édition de 1984), p. 513.
3. Max Brod, *Franz Kafka, souvenirs et documents*, trad. H. Zylberberg, Gallimard, 1945.
4. Lettre à son père, trad. M. Robert, Pléiade tome IV (édition de 1989), p. 833 *sq*.
5. *Journaux*, 5 novembre 1911, trad. R. Kahn, NOUS, p. 196-197.
6. Philip Roth, *Professeur de désir*, trad. H. Robillot, Folio, 1982, p. 210-211.
7. Texte en traduction française reproduit dans *Le Procès*, trad. A. Vialatte, « Post-scriptum à la première édition », Folio, 1936.

Tout retrouver, tout publier

1. Lettre à Milena, 31 juillet 1920, trad. R. Kahn, NOUS, p. 161.
2. *Journal*, 15 octobre 1921, trad. M. Robert, Pléiade tome III (édition de 1984), p. 510.
3. M. Jesenská, Nécrologie de Franz Kafka, *Národní listy*, 6 juin 1924, in *Vivre*, trad. C. Ancelot, Cambourakis, 2014, p. 157.
4. Lettre à Milena, 31 juillet 1920, *op. cit.*, p. 161.
5. *Ibid.*, début avril 1922, p. 278-279.
6. « Les fenêtres », in *Vivre, op. cit.*, p. 87 *sq*. Extrait lu par Virginie Despentes dans l'émission « Milena Jesenská, le feu vivant (Prague 1896-Ravensbrück 1944) », *Une vie, une œuvre*, France Culture, 24 février 2018.

Notes

7. Nous savons désormais que Milena Jesenská a conservé les lettres de Kafka dans son propre appartement à Prague, et qu'elle a voulu les mettre en sûreté juste avant l'invasion de Prague par les nazis. Là, elle les a confiées à Willy Haas, éditeur, homme de lettres et ami commun de Franz et elle, qui était alors sur le point de s'exiler à Londres. Willy Haas les a donc emportées à Londres, puis en Allemagne à son retour en 1947. Il en sera le premier éditeur, en 1952. Les manuscrits ont ensuite été achetés par Salman Schocken, puis par les archives littéraires allemandes de Marbach, qui les conservent aujourd'hui.

Par le feu

1. « Dans notre synagogue », trad. S. Pesnel, Pléiade tome I (édition de 2018), p. 844-847.
2. Didier Chauvet, *Les Autodafés nazis. Mémoire du 10 mai 1933*, L'Harmattan, 2017.
3. Cf. Benjamin Balint, *Le Dernier Procès de Kafka*, trad. P. Pignarre, La Découverte, 2020, p. 151 *sq.*
4. Lettre à Milena, le 13 juin 1920, trad. J.-P. Lefebvre, L. Bernardi et J.-C. Rambach, Pléiade tome IV (édition de 2022), p. 648.
5. Cf. « La nuit de Cristal », exposition au Mémorial de la Shoah (Paris) https://www.memorialdelashoah.org/upload/minisites/ONU/nuit_de_cristal/exposition/la-nuit-de-cristal.htm
6. « Dans notre synagogue », *op.cit.*

Le départ

1. Cf. Benjamin Balint, *Le Dernier Procès de Kafka*, *op.cit.*, p. 169.

J'irai chercher Kafka

Premier jour, Paris-Tel-Aviv

1. Paru en anglais en 2018 sous le titre *Kafka's Last Trial*.
2. Valérie Zenatti, *Dans le faisceau des vivants*, L'Olivier, 2019, p. 14.

Deuxième jour, Tel-Aviv

1. Lettre à Max Brod, fin mars 1918, trad. M. Robert, Pléiade tome III (édition de 1984), p. 891.
2. Jérémie Hoffmann, architecte directeur du département de conservation du patrimoine Bauhaus, dans une interview à *Libération*, le 7 mai 2008.
3. Gustave Janouch, *Conversations avec Kafka*, trad. B. Lortholary, Éditions Maurice Nadeau, 1998, p. 18.
4. Max Brod, *Streitbares Leben (1884-1968)*, F. A. Herbig, 1969, p. 303.

Troisième jour, Tel-Aviv

1. Alena Wagnerova, *La Famille Kafka de Prague*, trad. N. Casanova, Grasset, 2004, p. 252 *sq*.
2. Dans Milena Jesenská, *Lettres de Milena, de Prague à Ravensbrück*, trad. H. Beletto-Sussel, Presses du Septentrion, 2016, p. 153. Quelque temps après la fin de la guerre paraîtra en Allemagne la biographie de Milena, signée Margarete Buber-Neumann.

Quatrième jour, Tel-Aviv

1. Nicole Krauss, *Forêt obscure*, trad. P. Guivarch, L'Olivier, 2018, p. 55.

Notes

2. Anne Grynberg, *Vers la terre d'Israël*, Paris, Gallimard découvertes, 1998 (rééd. 2008).
3. Amos Oz, *Une histoire d'amour et de ténèbres*, trad. S. Cohen, Paris, Gallimard, 2004, p. 584.
4. Source : https://www.lesclesdumoyenorient.com/Premier-conflit-israelo-arabe-de.html
5. Le don prenait effet sur-le-champ et pas après sa mort. Il comprenait : les lettres de Kafka à Brod et à sa femme Elsa, les manuscrits originaux du *Procès*, de « Description d'un combat » et de « Préparatifs de noce à la campagne », le tapuscrit original de la Lettre au père, trois carnets de notes du Journal tenu à Paris, une ébauche de *Richard et Samuel*, roman commencé à quatre mains avec Max Brod à Prague, le discours de Kafka sur la langue yiddish, les aphorismes, des photographies et les premières éditons des œuvres de Kafka. Cf. Benjamin Balint, *Le Dernier Procès de Kafka*, op.cit., p. 195.
6. Selon le souhait de Marianne Steiner, nièce de Kafka, l'une des filles de Valli. La part de l'héritage qui revenait à Max Brod, elle, demeura dans les coffres zurichois. Parmi ces documents se trouvaient : la correspondance de Brod et Kafka, une série de manuscrits que Kafka avait laissée à son ami, comme *Le Procès* (offert en 1920), « Description d'un combat » ou encore « Préparatifs de noce à la campagne » (tous deux offerts à Brod peu après leur rédaction), ainsi que les dessins de Kafka que Brod avait collectionnés.

Cinquième jour, Tel-Aviv-Jérusalem

1. Cf. Benjamin Balint, *Le Dernier Procès de Kafka*, op.cit.
2. *Times of Israël*, 8 février 2021.
3. Judith Butler en proposera, suite à la convocation de ce texte au tribunal, une analyse dans son essai « Who Owns Kafka? », sur lequel je m'arrête un peu après.

4. « Chacals et Arabes », trad. J.-P. Lefebvre, Pléiade tome I (édition de 2018), p. 171.

5. J.-P. Lefebvre, notice à la nouvelle ci-dessus, *ibid.*, p. 1069.

6. Benjamin Balint, *Le Dernier Procès de Kafka*, op.cit., p. 199.

7. *Ibid.*

8. De son vivant, Esther Hoffe ne toucha en réalité aucun argent issu des ventes de manuscrits, et après la mort de Max, elle a surtout vécu sur les indemnités de réparation qu'elle touchait du gouvernement allemand. Dès les premières procédures des années 2000, la Cour a mis un séquestre sur les sommes perçues, en attendant que la propriété soit confirmée ou infirmée. En 2012, Benjamin Balint rapporte qu'Eva Hoffe demanda à son avocat de solliciter une levée de ce séquestre au moins sur les sommes reçues d'Allemagne (environ 4 millions de shekels, soit près d'un million d'euros). Cela fut accordé en 2011 : Eva et sa sœur Ruth touchèrent alors chacune un million de shekels, environ 250 000 euros. Esther était morte depuis quatre ans. Notons que les frais d'avocats devaient également représenter des sommes croissantes pour la famille Hoffe.

9. Judith Butler, « Who Owns Kafka? » *London Review of Books*, 3 mars 2011, texte intégral en anglais : https://www.lrb.co.uk/the-paper/v33/n05/judith-butler/who-owns-kafka

Sixième jour, Jérusalem

1. Les manuscrits originaux du *Procès*, le récit « L'instituteur du village », une lettre à Max Brod de 1917, trois lettres et une carte postale à Milena (cf. Benjamin Balint, *Le Dernier Procès de Kafka, op. cit.*, p 159).

Notes

2. Lettre à Felice, le 7 octobre 1916, trad. M. Robert, Pléiade tome IV (édition de 1989), p. 779.

Septième jour, Jérusalem

1. La Bibliothèque elle-même connaît une histoire faite de plusieurs lieux : fondée dès 1892 (bien avant la création de l'État), elle acquiert son statut de Bibliothèque nationale en 1948, alors qu'elle est installée sur le campus du mont Scopus. La même année, suite à la guerre de 1948, elle est contrainte de déménager à Jérusalem-Ouest. Elle s'installe dans les locaux que j'ai visités, sur le campus de Givat-Ram, en 1960. Après mon séjour, elle déménage dans un bâtiment tout neuf, inauguré à l'automne 2023.
2. Hormis plusieurs nouvelles publiées de son vivant dans des revues, et quelques recueils de courts textes imprimés sur ce que nous appellerions aujourd'hui fascicules ou revues plutôt que livres.
3. Lettre à Felice, 11 novembre 1912, trad. M. Robert, Pléiade tome IV (édition de 1989), p. 48.
4. Cf. Benjamin Balint, *Bruno Schulz: An Artist, a Murder, and the Hijacking of History*, W. W. Norton & Company, 2023.
5. Cette question a fait l'objet d'un échange entre les philosophes Hannah Arendt, qui avait assisté au procès, et Gershom Scholem. Cf. H. Arendt, *Eichmann à Jérusalem. Rapport sur la banalité du mal*, Gallimard, 1966, et leur correspondance en français dans : *Fidélité et utopie, essais sur le judaïsme contemporain*, trad. M. Delmotte et B. Dupuy, Calmann-Lévy, 1994.
6. Cf. Benjamin Balint, *Le Dernier Procès de Kafka*, *op. cit.*, p. 214.
7. Lettre à son père, trad. M. Robert, Pléiade tome IV (édition de 1989), p. 840.

Huitième jour, Jérusalem

1. « Devant la loi », trad. J.-P. Lefebvre, Pléiade tome I (édition de 2018), p. 170.
2. Nous explique la notice écrite par Jean-Pierre Lefebvre.
3. *Das Urteil*, longtemps traduit : « Le Verdict », mais retraduit récemment « La Sentence » par J.-P. Lefebvre, dont nous citons ci-après la traduction et l'appareil critique (in Pléiade, édition de 2018, p. 45 *sq.*).
4. *Journal*, 23 septembre 1912, trad. M. Robert, Pléiade tome III (édition de 1984).
5. Max Brod, *Franz Kafka, souvenirs et documents*, trad. H. Zylberberg, Gallimard, Folio essais, p. 175.
6. Puah Menczel Ben-Tovim, « J'étais le professeur d'hébreu de Kafka », in *J'ai connu Kafka, op. cit*, p. 213-216.
7. Dans un livre passionnant, Michael Löwy démontre, à partir de données biographiques et d'analyses des romans de Kafka, que l'« anti-autoritarisme » est un « fil rouge qui permet de relier la révolte contre le père, la religion de la liberté (d'inspiration juive hétérodoxe) et la protestation (d'inspiration libertaire) contre le pouvoir meurtrier des appareils bureaucratiques », in *Franz Kafka rêveur insoumis*, Stock, 2004, p. 12.

Dernier jour, Jérusalem

1. « La Métamorphose », trad. C. David, Pléiade tome II (édition de 1980).

Bibliographie

C'est l'histoire que raconte ce livre : l'édition des « manuscrits de Kafka » est le fruit de nombreuses évolutions et (re)découvertes. La bibliographie est donc un morceau de cette histoire. En langue allemande, il existe deux éditions de ses « œuvres complètes ». La première est celle établie d'après le travail de Max Brod :

F. Kafka, *Gesammelte Werke* (8 Bände), hg. von M. Brod, Fischer, 1983

À partir des années 1970 Malcolm Pasley, germaniste de l'université d'Oxford, entreprit de rassembler l'ensemble des manuscrits originaux de Kafka et de les publier en restituant l'ordre et la lettre des textes tels qu'ils avaient été écrits par Kafka, et pas tels que Max Brod les avaient établis. Le résultat de ce travail long et minutieux est :

F. Kafka, *Gesammelte Werke in Einzelbändenin der Fassung der Handschrift* (12 Bände), hg. von G. Neumann, M. Pasley, J. Schillemeit, G. Kurz, Fischer, Suhrkamp, 1982-2008

Œuvres de Kafka traduites en français

Chez Gallimard, il existe deux éditions des œuvres complètes en plusieurs tomes, que j'ai toutes deux utilisées (cf.

renvois dans les notes où l'édition et la traduction sont précisées) :

F. Kafka, *Œuvres complètes*, trad. C. David, A. Vialatte, M. Robert, tomes I à IV, Gallimard, Bibliothèque de la Pléiade, 1980-1989

F. Kafka, *Œuvres complètes*, trad. sous la dir. de J.-P. Lefebvre, avec I. Kalinowski, B. Lortholary, S. Pesnel, tomes I à IV, Gallimard, Bibliothèque de la Pléiade, 2018-2022

Le travail de traduction commencé par Robert Kahn aux éditions NOUS, que sa disparition a malheureusement interrompu, m'a été d'une grande aide :

F. Kafka, *À Milena*, NOUS, 2015 (rééd. 2022)
F. Kafka, *Derniers Cahiers*, NOUS, 2017
F. Kafka, *Journaux*, NOUS, 2020

Textes cités

F. Kafka, *Le Procès*, trad. A. Vialatte
« Devant la loi », trad. J.-P. Lefebvre
« Josefine la chanteuse ou le peuple des souris », trad. J.-P. Lefebvre, Pléiade tome I (édition de 2018)
« Dans notre synagogue », trad. S. Pesnel, Pléiade tome I (édition de 2018)
« Chacals et Arabes », trad. J.-P. Lefebvre, Pléiade tome I (édition de 2018)
« Le Verdict » (retraduit récemment « La Sentence » par J.-P. Lefebvre), Pléiade (édition de 2018)
« La Métamorphose », trad. C. David, Pléiade tome II (édition de 1980)
« Le Terrier », trad. A. Vialatte, Pléiade tome II (édition de 1980)
Journal / Journaux : traductions de M. Robert et de R. Kahn
Correspondance : Lettres à Felice, à Milena, à ses parents, à Max Brod et à son père (voir les deux éditions des *Œuvres*

Bibliographie

complètes précédemment citées, et la traduction de R. Kahn pour les Lettres à Milena)
Les « feuillets de conversation » 1924, trad. M. Robert, Pléiade tome III (édition de 1984), p. 1303-1311
Les deux testaments : non datés, trad. C. David, Pléiade tome IV (édition de 1989), p. 1195
N.B : toutes les traductions parues chez Gallimard existent en Folio, séparément (pour les romans, le Journal et les lettres) et regroupées en recueils (pour les nouvelles et récits)

Sur les manuscrits de Kafka

Les notices de Claude David et Jean-Pierre Lefebvre portent toutes, et pour chaque texte de Kafka, une attention particulière à la provenance du texte et à l'histoire du manuscrit.

B. Balint, *Le Dernier Procès de Kafka* (*Kafka's Last Trial*, Northon, 2018), trad. P. Pignarre, La Découverte, 2020
M. Brod, *Franz Kafka, souvenirs et documents*, trad. H. Zylberberg, 1945, Gallimard
J. Butler, « Who Owns Kafka », *London Review of Books*, 3 mars 2011, texte intégral en anglais : https://www.lrb.co.uk/the-paper/v33/n05/judith-butler/who-owns-kafka
F. Kafka, *Les Dessins*, introduction par A. Kilcher (*Zeichnungen*, Verlag CH Beck, 2021), édition française : Les Cahiers Dessinés, 2021
M. Kundera, *Les Testaments trahis*, Gallimard, 1993

J'irai chercher Kafka

Sur Kafka, plus généralement (quelques références utilisées)

T. W. Adorno, « Réflexions sur Kafka » (1953), trad. G. et R. Rochlitz, in *Prismes. Critique de la culture et société*, Payot, 1986 (rééd. 2010), p. 311-351
J.-M. Alberola (cat. exp.) *Le Fleuve*, IMEC, 2022
G. Anders, *Kafka. Pour et contre*, trad. H. Plard, Circé, 1990
H. Arendt, « Franz Kafka » (1944), trad. S. Courtine-Denamy, in *La Tradition cachée. Le Juif comme paria*, Christian Bourgois, 1987, p. 96-121, et « Franz Kafka. L'homme de bonne volonté » (1948), in *ibid.*, p. 205-218
W. Benjamin, « Franz Kafka. Lors de la construction de la muraille de Chine » (1931), trad. P. Rusch, in *Œuvres II*, Gallimard, Folio, 2000, p. 284-294, et « Franz Kafka. Pour le dixième anniversaire de sa mort » (1934), trad. M. de Gandillac, revue par P. Rusch, in *ibid.*, p. 410-453
Benjamin über Kafka. Texte, Briefzeugnisse, Aufzeichnungen, hg. von H. Schweppenhäuser, Suhrkamp, 1981
G. Deleuze, F. Guattari, *Franz Kafka. Pour une littérature mineure*, Les Éditions de Minuit, 1975
J. Derrida, « Préjugés. Devant la loi », in *La Faculté de juger* (coll.), Les Éditions de Minuit, 1985
G. Janouch, *Conversations avec Kafka*, trad. B. Lortholary, Éditions Maurice Nadeau, 1998
M. Löwy, *Franz Kafka. Rêveur insoumis*, Stock, 2004
M. Pasley (dir.), *Max Brod Franz Kafka, eine Freundschaft. Briefwechsel*, Fischer, 1989
M. Robert, *Seul comme Franz Kafka*, Calmann-Lévy, 1979
R. Stach, *Kafka* (biographie, trois tomes), trad. R. Quatresous, Le Cherche Midi, 2023-2024
K. Wagenbach, *Kafka par lui-même*, Seuil, Écrivains de toujours, 1969

Bibliographie

A. Wagnerova, *La Famille Kafka de Prague*, trad. N. Casanova, Grasset, 2004
Coll., *J'ai connu Kafka*, trad. F.-G. Lorrain, Actes Sud Solin, 1998

Autres livres cités

M. Buber-Neumann, *Milena* (*Milena Kafka's Freundin*, Albert Langen Georg Müller Verlag, 1977), trad. A. Brossat, Seuil, 1986
A. Grynberg, *Vers la terre d'Israël*, Gallimard découvertes, 1998 (rééd. 2008)
M. Jesenská, *Vivre*, trad. C. Ancelot, Cambourakis, 2014
N. Krauss, *Forêt obscure* (*Forest Dark*, Bloomsbury, 2017), trad. P. Guivarch, L'Olivier, 2018
P. Lançon, *Le Lambeau*, Gallimard, 2018
A. Oz, *Une histoire d'amour et de ténèbres* (hébreu : סיפור של אהבה וחושך, 2002), trad. S. Cohen, Gallimard, 2004
P. Roth, *Professeur de désir* (*The Professor of Desire*, Farrar, Straus & Giroux, 1977), trad. H. Robillot, Gallimard, Folio, 1982
V. Zenatti, *Dans le faisceau des vivants*, L'Olivier, 2019

Archives et décisions de justice consultées

Archives Max Brod, Bibliothèque nationale, Jérusalem (Schwad. 0102), sous la direction de Stefan Litt.
Cour suprême d'Israël, 6251/15, Eva D. Hoffe v. Shmulik Cassouto (exécuteur du legs d'Esther Hoffe) Ehud Sol (exécuteur du legs de Max Brod), la Bibliothèque nationale d'Israël, les Archives de la littérature allemande de Marbach et le conservateur général, 7 août 2016 (hébreu).

Chronologie

3 juin 1924 : mort de Kafka au sanatorium de Kierling (Autriche), à l'âge de quarante ans.

Dans deux billets que Max Brod retrouve à sa mort (non datés) il lui demande de détruire tous ses manuscrits.

1925-1926 : première édition du *Procès* (*Der Prozess*), puis du *Château* (*Das Schloss*).

Mars 1939 : Max Brod quitte Prague, envahi par les nazis, et arrive en Palestine avec les manuscrits de Kafka dans sa valise.

Printemps-été 1939 : Max Brod rencontre Isle Hoffe, émigrée elle aussi de Tchécoslovaquie. Elle devient son assistante, et sans doute son amante. Il la renomme « Esther », un prénom biblique.

1940 : Max Brod dépose quelques documents, dont certains manuscrits de Kafka, dans des coffres bancaires à Tel-Aviv.

1943-1944 : en Europe, Milena Jesenská ainsi que les trois sœurs de Franz Kafka meurent assassinées dans les camps de Ravensbrück, Auschwitz, Chełmno.

1947 : premier don de Max Brod à Esther Isle Hoffe par testament ; il lui lègue son fonds personnel ainsi que les lettres de Kafka en sa possession. Ce don sera confirmé et élargi en 1952 par une autre attestation écrite.

14 mai 1948 : fin du mandat britannique sur la Palestine, David Ben Gourion, président du Conseil national juif, proclame l'indépendance de l'État d'Israël.

J'irai chercher Kafka

1956 : Max Brod, craignant les conséquences de la crise de Suez dans la région, organise la mise en sécurité des manuscrits les plus précieux de Kafka dans des coffres-forts de la banque UBS à Zurich, en Suisse.

1961 : Max Brod rédige son testament définitif, qui réitère le don des manuscrits de Kafka à Esther Hoffe tout en prévoyant la possibilité de les confier à des « archives publiques ».

1962 : adaptation du *Procès* de Kafka par Orson Welles au cinéma. Kafka est mondialement connu et reconnu.

1968 : mort de Max Brod à Tel-Aviv.

1971 : première vente par Esther Hoffe de manuscrits originaux de Kafka (lettres et cartes postales) à Hambourg (Allemagne).

1974 : première procédure judiciaire au Tribunal des familles de Tel-Aviv ; l'État s'oppose à Esther Hoffe pour vente indue et questionne la légitimité de sa propriété des manuscrits de Kafka. Le juge confirme la succession.

1988 : Esther Hoffe vend le manuscrit original du *Procès* chez Sotheby's à Londres, pour 1 million de livres. Les archives allemandes de Marbach en font l'acquisition.

2 septembre 2007 : mort d'Esther Hoffe à Tel-Aviv, à l'âge de cent un ans.

Sa fille Eva reste dans l'appartement de sa mère, où elle conserve de nombreux manuscrits de Kafka, sans les montrer à personne et en refusant tout accès.

Entre 2012 et 2016, plusieurs procès ont lieu pour déterminer à qui appartiennent les manuscrits, que l'État d'Israël souhaite récupérer pour les déposer à la Bibliothèque nationale.

7 août 2016 : la Cour suprême israélienne rend son dernier verdict et exige que l'ensemble des manuscrits soient rendus et acheminés à la Bibliothèque nationale de Jérusalem (ceux de l'appartement et ceux qui ont été vendus à l'étranger).

Chronologie

4 août 2018 : mort d'Eva Hoffe à Tel-Aviv, à l'âge de quatre-vingt-cinq ans.

2019 : après confirmation du verdict par les justices suisse et allemande, les manuscrits de Kafka arrivent à la Bibliothèque nationale, à Jérusalem.

Remerciements

Je remercie mon éditrice, Maxime Catroux, d'avoir impulsé ce livre. Je remercie Valérie Zenatti pour sa voix, son regard et son aide à la préparation de mon voyage. Je remercie toutes celles et tous ceux qui là-bas, en Israël, m'ont accueillie : Judith Darmont la première, qui a donné à ce séjour sa couleur vive. Merci aussi pour leur temps et leur précieuse parole à : Shmulik Cassouto et son assistante Céline Ben-David*, Meir Heller et Niv Goldberg, Stefan Litt et les équipes des archives de la Bibliothèque nationale d'Israël, notamment Alexander Gordin. Je sais qu'ils ont aujourd'hui déménagé dans des locaux flambant neufs, je pense avec nostalgie à la cour des chats aux vieux parasols, je pense aux charriots Kafka qui ont dû alors quitter la colline – et j'envie tous les futurs chercheuses et chercheurs qui

---

* *Ces lignes de fin ont été écrites une semaine exactement avant que n'aient lieu les massacres du 7 octobre en Israël, et la guerre qui s'en est suivie. Beaucoup de choses ont changé, le réel a changé. Ces remerciements s'en trouvent tragiquement impactés : Céline Ben-David, trente-six ans, a été assassinée par les terroristes du Hamas alors qu'elle se rendait au Super Nova Festival, près du kibboutz Reïm, dans le désert occidental du Néguev. Que ce livre soit un signe envoyé en sa mémoire, et en soutien à sa famille, à sa fille, à ses ami.e.s, et à l'ensemble du cabinet Cassouto and Co aujourd'hui endeuillé.*

y auront accès. Je n'aurais pas pu imaginer une telle confiance ni une telle liberté de consultation. Ce furent des conditions de travail rêvées. Je remercie aussi Benjamin Balint de m'avoir généreusement reçue, aidée et parlé, et de m'avoir présenté Michal Govrin – Kafka, évidemment.

Je remercie celles et ceux qui ont répondu à mes lettres ou demandes, et accepté de me parler de leur Kafka (et de leur Milena) : Philippe Lançon, Virginie Despentes, Annette Messager, Jean-Michel Alberola, Hélène Beletto-Sussel, Mathilde Forget.

Les entretiens et les échanges que toutes et tous, ici et là-bas, m'ont accordés, sont librement retranscrits.

Je remercie Jean-Pierre Lefebvre pour son talent de traducteur : j'ai parcouru Kafka dans son écho, ce fut une chance – chance aussi que de l'avoir eu, avant, comme professeur à l'École normale !

Je pense à Robert Kahn qui a si merveilleusement traduit Kafka avant de partir.

Je remercie Jeremy grâce à qui le testament de K est encadré dans mon bureau.

Je remercie mon père pour la carte postale, ma mère pour le somnambulisme et ma sœur Paloma que je devais réveiller quand je me levais dans mon sommeil. Je me souviens du jour, il y a peu, où l'on s'est parlé au téléphone, eux étaient en voiture sur une autoroute et se sont mis à rire en chœur : « Incroyable, un camion vient de nous doubler avec écrit *Kafka transport* ! » Tout cela au fond n'est peut-être rien d'autre qu'une entreprise de déménagement...

Je dédie ce livre à Max, mon fils, qui y trouvera peut-être un jour l'origine de son prénom.

Crédits

p. 29-30 : Dora Diamant, in *J'ai connu Kafka*, trad. F.-G. Lorrain, Paris, © Actes Sud, 1998, p. 225 (paru initialement sous le titre « *Als Kafka mir entgegenkam* ». *Erinnerungen an Franz Kafka*, © 1996 Verlag Klaus Wagenbach GmbH).

p. 51-53 : Franz Kafka, *Œuvres complètes*, trad. C. David, tome IV, Paris, © Éditions Gallimard, Bibliothèque de La Pléiade, 1989, p. 1195.

p. 56 : Franz Kafka, *Journaux*, 5 novembre 1911, trad. R. Kahn, Caen, © NOUS, 2020, p. 196-197.

p. 57-58 : Philip Roth, *Professeur de désir*, trad. H. Robillot, Paris, © Éditions Gallimard, Du monde entier, 1979, p. 210-211.

p. 67, p. 75 : Franz Kafka, lettre à Milena, 31 juillet 1920, in *À Milena*, trad. R. Kahn, Caen, © NOUS, 2015, p. 161.

p. 71-72 : Milena Jesenská, Nécrologie de Franz Kafka, *Národní listy*, 6 juin 1924, in *Vivre*, trad. C. Ancelot, Paris, © Cambourakis, 2014, p. 157.

p. 76-77 : Franz Kafka, lettre à Milena, avril 1922, in *À Milena*, trad. R. Kahn, Caen, © NOUS, 2015, p. 278-279.

p. 79 : Milena Jesenská, « Les fenêtres », in *Vivre*, trad. C. Ancelot, Paris, © Cambourakis, 2014, p. 87.

p. 112-113 : Valérie Zenatti, *Dans le faisceau des vivants*, Paris, © L'Olivier, 2019, p. 14.

J'irai chercher Kafka

p. 126-127 : Gustave Janouch, *Conversations avec Kafka*, trad. B. Lortholary, Paris, © éd. Maurice Nadeau, 1998, réédition 2011, ISBN 9782863211113, p. 18.

p. 145 : Milena Jesenská, *Lettres de Milena, de Prague à Ravensbrück*, trad. H. Beletto-Sussel, Villeneuve-d'Ascq, © Presses du Septentrion, 2016, p. 153.

p. 249-250 : Franz Kafka, *Œuvres complètes*, trad. M. Robert, tome IV, Paris, © Éditions Gallimard, Bibliothèque de La Pléiade, 1989, p. 840.

p. 266 : Puah Menczel Ben-Tovim, « J'étais le professeur d'hébreu de Kafka », in *J'ai connu Kafka*, trad. F.-G. Lorrain, Paris, © Actes Sud, 1998, p. 213-216 (paru initialement sous le titre « *Als Kafka mir entgegenkam* ». *Erinnerungen an Franz Kafka*, © 1996 Verlag Klaus Wagenbach GmbH).

Table des matières

Prologue 9

I
Voir Kafka mourir

Chapitre premier. Les feuilles volantes 25
Chapitre 2. Testaments trahis 43

II
Sauver Kafka

Chapitre 3. Tout retrouver, tout publier 67
Chapitre 4. Par le feu 81
Chapitre 5. Le départ 99

III
Le gouffre

Premier jour, Paris-Tel-Aviv 105
Deuxième jour, Tel-Aviv 115
Troisième jour, Tel-Aviv 133

J'irai chercher Kafka

IV
Léguer Kafka

Quatrième jour, Tel-Aviv 149

V
Les procès Kafka

Cinquième jour, Tel-Aviv-Jérusalem 175
Sixième jour, Jérusalem................................ 207

VI
Les manuscrits

Septième jour, Jérusalem............................. 225
Huitième jour, Jérusalem............................. 251
Dernier jour, Jérusalem............................... 273
Après... 291

Notes 295
Bibliographie 303
Chronologie... 309
Remerciements... 313
Crédits 315

Imprimé en France par CPI
en février 2024

Cet ouvrage a été mis en pages par

\<pixellence\>

N° d'édition : 439247-0
Dépôt légal : mars 2024
N° d'impression : 178413